写作好助手

学生经典诗词金句

高昌 著

人民文学出版社
天天出版社

图书在版编目（CIP）数据

写作好助手：学生经典诗词金句 / 高昌著. –– 北京：天天出版社，
2021.1

ISBN 978-7-5016-1654-1

Ⅰ.①写… Ⅱ.①高… Ⅲ.①作文课 – 中小学 – 教学参考资料 Ⅳ.
①G634.343

中国版本图书馆CIP数据核字(2020)第222753号

责任编辑：王晓锐　　　　　　　　**美术编辑：**林　蓓
责任印制：康远超　张　璞

出版发行：天天出版社有限责任公司
地　址：北京市东城区东中街42号　　　　　**邮编：**100027
市场部：010–64169902　　　　　**传真：**010–64169902
网址：http://www.tiantianpublishing.com
邮箱：tiantiancbs@163.com

印刷：保定市中画美凯印刷有限公司　　**经销：**全国新华书店等
开本：710×1000　1/16　　　　**印张：**18.25　　**插页：**2
版次：2021 年 1 月北京第 1 版　　**印次：**2021 年 1 月第 1 次印刷
字数：251 千字　　　　　　　　　　**印数：**1–10,000 册

书号：978-7-5016-1654-1　　　　　　**定价：**39.00 元

2020 年春天，新冠病毒肺炎疫情期间，日本驰援中国的物资上印着"山川异域，风月同天""青山一道同云雨，明月何曾是两乡""岂曰无衣，与子同裳"等美好而又富含感染力的诗词金句，感动了很多中国人。同样，中国捐助日本和其他国家的物资上出现的"青山一道，同担风雨""千里同好，坚于金石""云海荡朝日，春色任天涯"等凝练优美、温暖真挚的寄语，也让我们再次感受到诗词古老而又青春的时代魅力。

春秋时期，楚国大夫申包胥请求秦国发兵帮助楚国，哭了七天七夜。秦国答应后，两国"签署"的"军事协作协议"，就是以《诗经》中的《无衣》来代替的。秦哀公亲自唱起"岂曰无衣？与子同袍。王于兴师，修我戈矛"，比直白地喊几句"共同抗敌"的口号，更能激动人心。再比如，晋国的范宣子想请鲁国帮助晋国讨伐郑国，为了试探鲁国的态度，在鲁国吟诵了一段《诗经》中的《摽有梅》："摽有梅，其实七兮。求我庶士，迨其吉兮。"范宣子借用这段诗歌，劝告鲁国要抓住兵机，迅速行动。这胜过一般公文中的外交辞令，它更加委婉超脱、机敏圆转。还是晋国的范宣子，有一次他在诸侯盟会上指责姜戎氏的国君戎子驹支私通敌国，戎子驹支当场吟诵了《诗经》中的《青蝇》："营营青蝇，止于樊。岂弟君子，无信谗言……"这就比一般的驳斥更加尖锐有力，酣畅淋漓。

外国人在外交场合和公文往来中，引用中华诗词金句的例证也非常多。比如，1972 年 2 月 21 日，美国总统尼克松在北京的欢迎宴会上引用了毛泽东诗词："多少事，从来急；天地转，光阴迫。一万年太久，只争朝夕！"产生了很好的外交效应。1984 年 4 月 26 日，美国总统罗纳德·里根在北京的欢迎晚宴祝酒词中说："在许多世纪之前，一位名叫王勃的中国哲学家和诗人写过'海内存知己，天涯若比邻'。"1989 年 2 月 25 日，美国总统乔治·布什在北京的欢迎晚宴祝酒词中提到乘船过三峡的经历时说："我们想起了三国故事，几乎听到了诗人李白'轻舟已过万重山'的描述。"……这些诗词在外交往来中给引用者加分不少。

中华传统诗词，金句颇多。如果在社会生活和日常写作中适当引用，就会以举重若轻之势增加感染力和说服力，特别容易出彩。孔子说："不学诗，无以言。"诗歌是世界上最悠久、最本真的文学形式，是一种凝练优美的文学体裁。诗歌用丰沛的激情、深邃的哲思打动人心，用优美的韵律、鲜活的语言抒发思想情感，反映社会人生。诗歌独特的美学特色和艺术品质，决定了它所独具的社会影响、审美效应和美育功能，同时在政治活动、外交往来、人际交往、民族沟通等方面也发挥了不可替代的文化作用。古人说过："诗者，志之所之也。在心为志，发言为诗，情动于中而形于言。"诗词最好的打开方式，不单是电视中的各种诗词大会节目；诗人也不都是白衣飘飘、峨冠博带、对酒高歌、对花洒泪的奇特形象。体味诗词之美，我认为最重要的还是要通过诗词金句的精神浸润，让自己拥有一颗晶莹的诗心，使我们的人生更加丰富和鲜明，更加新鲜和亮丽。诗词金句使我们能够以美怡情，以美启智，以美塑魂，以美美人，从而创造更加优美的诗意人生。

优秀传统诗词文化的传承发展，最重要的是要让那些故纸堆里的文字"活起来"。死记硬背，就会把传统文化变得僵化死板。活色生香，才能激活传统文化的现代魅力。感心动情，活化经典，滋养诗意人生。我们读诗词金句，不是为了所谓"能说会道"，而是为了在生活和写作中更能从高处落笔、大处着眼、新处出彩、奇处制胜，为了启迪人们更加"诚恳"地面对生活、面对社会、面对各种复杂的现实环境，为了引导同学们更加关注生活、关注实际、关注社会，同时也是为了提高大家的思想深度和感情表达能力，提高自身审美情趣和人生素养。

中医理论讲究标本兼治。我并不想在本书里片段式地辑录一些古诗名句，东抄西抄地拼贴诗词，仅仅收获临时性的功效。只有完整了解整篇诗词的原文和作者情况，才能真正提高自身的诗学修养和知识积累，让这些古老的文化基因融入自己的血液和精神，起到固本清源、出神入化的明显效果。编者根据学习规律和切实提高同学们诗词修养的实际需求，采用的是把名言警句还原到作品原文中去完整呈现的编选方式。一册在手，金句不愁。本书搜集整理了162条诗词金句，所选年限从先秦至当代，每句诗词除"释义"外，另有"出处""原文""作者""解词""浅说"几部分文字。编者希望能为广大中小学生朋友提供一本实用、便捷的诗词金句参考资料，也盼望能够听到来自老师和同学们的批评指正。

庚子新正于北京静安居

目录

目录

目录

目录

目录

民惟邦本，本固邦宁

释义

百姓是国家的根基。根基坚固，国家才安宁。

出处

《尚书·五子之歌》

原文

皇祖有训，民可近，不可下，民惟邦本，本固邦宁。予视天下愚夫愚妇一能胜予，一人三失，怨岂在明，不见是图。予临兆民，懍乎若朽索之驭六马，为人上者，奈何不敬？

作者

大禹的五个孙子，启的儿子，夏帝太康的弟弟。名字不详。太康的五个弟弟追述大禹的祖训，作《五子之歌》，原诗共五首，这两句诗出自第一首。

解词

近：亲近。下：看轻。本：根基。固：坚固。

予视：我看。一人三失，怨岂在明：一个人多次失误，民怨难道还要明白说出来吗？三，概数，多次的意思。不见是图：应当在民怨还未形成

之时及早发现。

临：治理。懔乎若朽索之驭六马：畏惧的心情就像用腐朽的绳子驾驭六匹马一样。不敬：不敬畏。

■ 浅说

诗作总结了太康治国的失误和教训，表达了怨恨和哀悔的心情。其中的民本思想和法纪观念，都很有现代意义。"民惟邦本，本固邦宁"中的邦，在当时是邦国的意思。现在有人把这两句话说成"民惟国本，本固国宁"。固，就是安定的意思。宁，就是太平的意思。这句话把百姓的幸福看作国家的根基，对后世影响深远。孟子说："民为贵，社稷次之，君为轻。"荀子说："水能载舟，亦能覆舟。"唐代魏徵说："怨不在大，可畏惟人；载舟覆舟，所宜深慎。"……最近，有一首成龙演唱的流行歌曲叫《国家》："国的每一寸土地，家的每一个足迹。国与家连在一起，创造地球的奇迹。"表达的其实也是"本固邦宁"的情怀。百姓的幸福生活和国家的繁荣兴盛是连接在一起的。有了百姓安居乐业的幸福生活，才有国家的太平、繁荣、强盛。有人把"民惟邦本，本固邦宁"写作"民为邦本，本固邦宁"，这里的"惟"和"为"在语义上是略有区别的，"惟"是"只有"的意思，"为"则是"是""当作"的意思。前者更准确，更有感情色彩。

民惟邦本，本固邦宁

苟日新，日日新，又日新

释义

如果能够做到每天有个新的自我，那么就要保持天天都要有一个新的自我，有了新的自我还要做到更加新。

出处

《礼记·大学》

原文

苟日新，日日新，又日新。

作者

商汤，生卒年不详，名履，又名天乙、成汤。商朝开国君主。汤建国后，吸取夏朝灭亡的经验教训作《汤诰》，要求其臣属"有功于民，勤力乃事"，否则就要"大罚殛汝"。对那些亡国的夏民，则仍保留"夏社"，并封其后人。汤注意"以宽治民"，国力也日益强盛。在位十三年后去世。

解词

苟：如果。新：新面貌。日日：每一天。又：再。

■ 浅说

这句箴言是商汤刻在洗澡用具上，用来自我警醒的。无论做什么工作，都理应加强自我创新意识，增强自我创新能力，在创新和原创上狠下功夫。创新贵在独辟蹊径、独开新境、独呈自家面目。我们应该在社会上营造一种鼓励探索、敢为人先、崇尚创造、追求创新的美好氛围。

谈到"创造"和"创新"，我想起著名京剧表演艺术家郝寿臣先生对振兴京剧艺术的见解。郝寿臣先生第一次为学生袁世海（郝派的主要继承人）上课，郝寿臣先生问他："跟我学戏，是把我捏碎了成你，还是把你捏碎了成我？"袁世海说："当然是把我捏碎了成您啦。"郝寿臣听了哈哈大笑："错了，把你捏碎了，你永远成不了'郝世海'。你得把我捏碎了，再成一个'你'。"我理解，这里谈的，实际上就是一个传统艺术的传承创新问题。创造性转化和创新性发展，并不是对前人成就的简单重复和机械模仿，而是后人集前人成就之大成的一种创造和创新。这种创造和创新，吸纳传统、检验传统，同时在传统的基础上不断提高。

秉持客观、科学、礼敬态度的"创造"和"创新"，是激活优秀传统文化、滋养文艺创作的两个关键词。致力于创造，优秀传统文化才能更加丰富多彩；勇于创新，优秀传统文化才能更加活力无限。简单否定、数典忘祖的生硬态度当然会撞南墙，而复古崇古、泥古不化的迂腐做法也会走入死胡同。只有不断赋予优秀传统文化以新的时代内涵和现代表达形式，不断补充、拓展、完善，才能真正获得涵育人心的不竭之力，才能挥动时代大手笔，写好传承发展这篇底蕴深厚、万众瞩目、举足轻重的大文章。

苟日新，日日新，又日新

从善如登，从恶如崩

释义
跟随善良像登山一样（艰难），跟随恶行像山崩一样（容易）。

出处
《国语·周语下》

原文
从善如登，从恶如崩。

作者
《国语》作者左丘明。本谚语出自《国语·周语下》所引用的古谚。作者无考。

解词
从：跟随。登：登山。崩：山体崩塌。

浅说
比喻学好很难，学坏极容易。现代社会鼓励人们张扬个性，也需要彰显差异性、地方性、民族性、创造性……但是，这种多元的思想生态应该有一元是统一的，这就是对真善美的认同和追求。要把解剖刀和显微镜先

对准自己，先向自己灵魂中的毒瘤动刀。扫帚不到，灰尘不会自己跑掉，屋子里的灰尘是这样，心房里的灰尘也是这样。吃五谷杂粮，食人间烟火，谁又敢自诩纯洁无瑕呢？要让"从善如登，从恶如崩"的警钟长鸣，"时时勤拂拭"，才可以从灵魂深处做到"勿使惹尘埃"。

过去我们说要警惕"极左派""极右派"，而现在某些人物信奉的却是"极我派"——极端自我派。他们的字典里少的是"良心""道德"和"责任"这几个词。在这些人面前，"从善如登，从恶如崩"是一声声高亢的警钟，也是一面面映照灵魂的镜子。

人生在世不容易。上下求索，左右探寻，风雨跋涉，悲喜交集，大千世界的光怪陆离，沧海桑田的阴晴圆缺，最后浓缩成一首简单的诗——题目也仅仅只有两个简单的笔画，即《人》！

从善如登，从恶如崩

夙夜在公

释义

连夜忙碌奔波，日日夜夜为国操劳。

出处

《诗经·小星》

原文

嘒彼小星，三五在东。肃肃宵征，夙夜在公。寔命不同！

嘒彼小星，维参与昴。肃肃宵征，抱衾与裯。寔命不犹！

作者

先秦无名氏。《诗经》是我国最早的一部诗歌总集，收录了从西周到春秋时期的诗歌共305首，也称"诗三百"。

■ 解词

嘒：微，微小。三五：概数，三五个。

肃：通"速"，迅速。宵征：连夜奔走。

寔：同"实"。

参与昴：参、昴，星宿名。

抱：抛。衾与裯：衾，被子；裯，被单。

犹：相同。

■ 浅说

"夙夜在公"的意思类似"废寝忘食地工作"。这句诗在《诗经》中多次出现。现代人引用这句诗，常常用来表达执政为民、勤勉工作的意思。除了勤奋和勤勉的意思，这句诗中的"在公"二字也值得认真思考。"在公"是为国操劳的意思。要真正实现"在公"的初心，"夙夜"地勤勉才有意义。

要真正做到与百姓心连心、共甘苦，就要敢于担当、有所作为，要靠才干、实干和巧干来做事、管事、理事，是非面前要分明，问题面前要有担当。

周虽旧邦，其命维新

释义

周虽然是旧的邦国，但其使命在革新。

出处

《诗经·文王》

原文

文王在上，於昭于天。周虽旧邦，其命维新。有周不显，帝命不时。文王陟降，在帝左右。

作者

诗句据说为姬旦所作。姬旦，生卒年不详，为周文王姬昌第四子，周武王姬发同母弟，也称叔旦，又称周公、周公旦或周文公。姬旦曾辅助周武王灭商、周成王治国。

解词

文王：姬昌，周朝奠基者，岐周（今陕西岐山）人。承西伯侯之位，故称西伯昌。其子周武王姬发灭商建周，追尊姬昌为文王。曾创制周礼，被孔子称为"三代之英"。在上：在上位。对长辈或上司等的敬语。於：音同"乌"，感叹词。昭：感应。

有周："有"为词头，无实际语意。指周朝。不显：盛大的样子。不，

同"丕",大的意思。帝命:犹天命。天帝的意志。不时:完全遵照。不,同"丕",大的意思。时,通"是"。

陟降:升降。上行曰陟,下行曰降。左右:附近,两旁。

■ 浅说

《文王》是《诗经·大雅》的第一篇,写于西周初年,歌颂的是周朝的奠基者姬昌的功业及其人格智慧,讲述周朝代替商朝的历史经验,给年幼的周成王提供一些借鉴。全诗共七章,每章八句。这里节选的是第一章。作者谆谆教诲,一唱三叹。现代人引用这两句诗,常用来谈创新的问题。

崇尚创造、追求创新,应该成为传统文化继承发展的文化自觉,也是传统文化传承发展过程中不应忽略的一个重要环节。

思皇多士,生此王国。王国克生,
维周之桢;济济多士,文王以宁

🌿 释义

贤良优秀的众多人才,出现在我们的国家。这些人才使国家得到繁荣发展,他们都是周朝的重要人物。这么多的人才为国奉献,周文王在天上也可以安息了。

🎋 出处

《诗经·文王》

🎋 原文

世之不显，厥犹翼翼。思皇多士，生此王国。王国克生，维周之桢；济济多士，文王以宁。

■ 作者

据说为姬旦所作。

■ 解词

厥：犹"其"，他、他的。犹：同"猷"，谋划。翼翼：恭敬谨慎的样子。

思：语首助词。皇：美、盛。多士：古指众多的贤士。王国：施行王道的国家。

克：能。维：同"唯"，只有。桢：支柱、骨干。济济：众多的样子。宁：放心安宁。

■ 浅说

本诗句是《诗经·文王》诗篇的第三章。现代人引用它，常用来谈尊重人才的问题。唐代诗人刘禹锡在《陋室铭》的开头写道："山不在高，有仙则名；水不在深，有龙则灵。"有仙，"名"才实；有龙，"灵"才显。只有名实相符，才会实至名归。在人才队伍的建设中，领军人才具有特殊的感召地位和标志意义。一个杰出人物，往往能够推动一个重大领域的飞跃，乃至改变一个地区、一个时代的文化生态。文艺领军人物的产生需要优秀作品的累积，需要德艺双馨的公众认同，也需要一定的环境因素和时代机遇。

思皇多士，生此王国。王国克生，维周之桢；济济多士，文王以宁

　　"思皇多士"当然是一种美好的愿望，但红花还要绿叶扶。不能成为红花，做一片输送氧气净化空气的绿叶其实也是很有意义的。印度诗人泰戈尔说："花的事业是甜美的，果的事业是尊贵的，让我们来做叶的事业吧，因为叶总是谦逊地垂着安详的绿荫。"每一个人不一定都能成为"济济多士"中的一员，却都能够成为一片绿叶，为我们的春天增加一抹亮色。

战战兢兢，如临深渊，如履薄冰

释义

做事情谨慎小心，就好像走近深渊旁边，还好像在薄冰之上行走。

出处

《诗经·小旻》

🎍 原文

不敢暴虎，不敢冯河。人知其一，莫知其他。战战兢兢，如临深渊，如履薄冰。

▌作者

先秦无名氏。

▌解词

暴虎：空手和老虎搏斗。冯河：涉水渡河。引申为有勇无谋，冒险行动。

战战兢兢：畏惧谨慎的样子。临：近。履：踏。

▌浅说

这首诗表达了对暴君为邪谋迷惑、骄奢昏聩、不辨是非、听信谗言的愤慨和感叹，体现了诗人忧国忧民的情怀和敬畏恭谨的态度。全诗六章，前三章每章八句，后三章每章七句。这里节选的是最后一章。现代人引用这首诗，经常用来表达谨慎自省的意思。

战战兢兢，如临深渊，如履薄冰

靡不有初，鲜克有终

释义

做事情都有开头，但很少能到终了。

出处

《诗经·荡》

原文

荡荡上帝，下民之辟。疾威上帝，其命多辟。天生烝民，其命匪谌。靡不有初，鲜克有终。

作者

先秦无名氏。

解词

荡荡：骄纵放荡、无所约束的样子。辟：音同"璧"，国君。

疾威：暴虐。辟：音同"僻"，邪僻。

烝：众多。谌：诚信。

靡：没有。鲜：少。克：能。

浅说

　　《荡》诗句讽刺周厉王的暴政。全诗用呼告语气，直斥"疾威"的"上帝"。其中"靡不有初，鲜克有终"多用以告诫人们为人做事要善始善终。原诗八章，这里选的是第一章。

殷鉴不远

释义

殷商的教训并不遥远。

出处

《诗经·荡》

原文

文王曰咨，咨女殷商。人亦有言：颠沛之揭，枝叶未有害，本实先拨。

殷鉴不远，在夏后之世。

作者

先秦无名氏。

解词

咨：感叹声。女：汝，你。

颠沛：跌倒，指树木倒下。揭：指翻出树根。害：被妨害，受伤。本：根。拨：断绝，折断。

鉴：镜子，后泛指可作为借鉴的往事。后：君主。

浅说

原诗八章，这里选的是最后一章。这一章借周文王的口气感叹殷商的灭亡。意思是说大树的根已经受到了伤损，即使枝叶没有损害，也难以久长。让殷商子孙引以为戒的教训并不远，只要对照夏朝最后的下场就知道了。

它山之石，可以攻玉

释义

别人山上的砺石，可以用来打磨我们自己的玉器。

出处

《诗经·鹤鸣》

原文

鹤鸣于九皋，声闻于天。鱼在于渚，或潜在渊。乐彼之园，爰有树檀，其下维榖。它山之石，可以攻玉。

作者

先秦无名氏。

解词

九皋：皋，沼泽地。九是虚数，形容沼泽之多。

渚：原指水中小洲，这里指水滩。渊：深水，潭。

爰：于是。檀：名贵的树木，如黄檀、紫檀。榖：不好的树木名，即楮树。

攻玉：把玉石打磨成玉器。攻，打磨。

浅说

《鹤鸣》共二章，这里选用的是第二章。这首诗描写了仙鹤清鸣，游鱼

欢泳的情景，诗人委婉表达了心中对人才的渴慕和期待。现代人引用"它山之石，可以攻玉"，来比喻吸引其他国家的贤才来为本国效力，也比喻吸取和借鉴别人的见解和经验。

诚既勇兮又以武，终刚强兮不可凌。
身既死兮神以灵，魂魄毅兮为鬼雄

释义
真正是既勇敢而又无畏，始终刚强不可以被凌辱。人已经死亡，但是精神不朽。英魂坚毅，即使做鬼也是英雄。

出处
《九歌·国殇》

原文
操吴戈兮被犀甲，车错毂兮短兵接。旌蔽日兮敌若云，矢交坠兮士争先。凌余阵兮躐余行，左骖殪兮右刃伤。霾两轮兮絷四马，援玉枹兮击鸣鼓。天时怼兮威灵怒，严杀尽兮弃原野。出不入兮往不反，平原忽兮路超远。带长剑兮挟秦弓，首身离兮心不惩。诚既勇兮又以武，终刚强兮不可凌。身既死兮神以灵，魂魄毅兮为鬼雄。

作者
屈原（约前340—约前278）名平字原，又自云名正则，字灵均，战国末期楚国丹阳（今湖北秭归）人。屈原虽忠事楚怀王，却屡遭排挤，怀王死后又因顷襄王听信谗言而被流放，最终投汨罗江而死。屈原是中国最伟大的浪漫主义诗人之一，也是我国已知最早的著名诗人，世界义化名人。他创立了"楚辞"这种文体，也开创了"香草美人"的传统。代表作品有《离骚》《九歌》等。

■ 解词

吴戈：当时吴国制作的戈以精细锋利而闻名。吴戈即指吴国制作的戈，此处非实指，而是表示武器精良。兮：语助词，相当于今天口语中的"啊"。犀甲：犀牛皮做的铠甲，表示防守设备坚固可靠。毂：音"谷"，车轮中心贯轴处。此句通过描述双方战车交错，彼此短兵相接的情景，展示战争激烈。

骖：战马。古时战车以四匹马拉，在内为"服"，在外为"骖"。殪：战死。右：即右骖。

霾：通"埋"，埋没。车的两轮陷在泥土里。絷：用绳索拴住马足，即用绳索把马绊倒。援：拿起。枹：鼓槌。鸣鼓：声音很大的鼓。

天时：上天。怼：怨恨，发怒。严：有猛烈之意。严杀，指场面的惨烈悲壮，战士们酣战之后大多惨死的情景。

忽：辽阔渺茫的样子。超远：遥远。一说"超"通"迢"。

秦弓：当时秦国制的弓以坚韧有力、射程远而闻名。"秦弓"也说明了武器的精良。首身离：即首身相离。惩：做某事受打击而不再干，气馁。

诚：确实，的确。终：始终。凌：侵犯。

毅：坚毅忠勇。

■ 浅说

这是一首爱国主义的悲壮颂歌，质朴真挚，激昂慷慨，洋溢着崇高美。本文为《九歌》中唯一一首为人而写的诗篇，用来祭祀杀敌而死的各位将士。整首诗篇从敌胜我败的角度入手，歌颂为国家洒汗流血的忠勇烈士们，

诚既勇兮又以武，终刚强兮不可凌。身既死兮神以灵，魂魄毅兮为鬼雄

画面感极强。从旌旗蔽日、战士奋勇向前的恢宏开场，到车陷马倒、鼓声如雷的作战场面，再到尸横遍野、首身相离的悲壮结局，整个描述过程细致真实，声、形、态具备，把壮士们视死如归的英雄气概表现得淋漓尽致，贴切真实地表达了作者对为国浴血奋战的战士们的崇高敬意和对国家的无限热爱之情。

路漫漫其修远兮，吾将上下而求索

路漫漫其修远兮，吾将上下而求索

🌿 释义

前方的道路啊又远又长，但我将上上下下去追求和探索。

《离骚》

🎋 **原文**

朝发轫于苍梧兮，夕余至乎县圃。欲少留此灵琐兮，日忽忽其将暮。吾令羲和弭节兮，望崦嵫而勿迫。路漫漫其修远兮，吾将上下而求索。饮余马于咸池兮，总余辔乎扶桑。折若木以拂日兮，聊逍遥以相羊。前望舒使先驱兮，后飞廉使奔属。鸾皇为余先戒兮，雷师告余以未具。

▌ **作者**

屈原。

▌ **解词**

发轫：出发。苍梧：南方的地名。县圃：神话中的山名，在昆仑山上。

灵琐：神的宫门。灵，神。琐，宫殿门上雕刻的花纹。这里指门。将暮：指太阳将要落山。

羲和：传说中太阳的车夫。弭节：停鞭慢行。崦嵫：崦嵫山。传说中太阳落下的地方。迫：催促。

漫漫：道路漫长的样子。修远：又长又远。上下：上上下下。求索：追求理想。

咸池：神话中的地名。辔：马笼头，这里代指拴马。扶桑：神树名。

若木：神树名。拂日：遮挡太阳。相羊：通"徜徉"，安闲自在地走。

望舒：神话中给月亮驾车的神。飞廉：风神。奔属：跟随。

先戒：在前面放哨、警戒。未具：没有安排好。

路漫漫其修远兮，吾将上下而求索

■ 浅说

　　《离骚》是中国古代文学史上最长的抒情诗，与《诗经》中的《国风》并称为"风骚"。今人用"风骚"代指文学，《离骚》在中国文学史上的地位可见一斑。这里是《离骚》的节选。屈原用各种优美的比喻和华丽的辞采讲述了自己的志向和决心。因篇幅较长，此诗不便全文收入。"路漫漫其修远兮，吾将上下而求索"为千古绝唱的名句，现代人常引用以表达不忘初心、勇敢探索前进的精神。开一条崭新的路，写一首壮丽的诗，指点江山，激扬文字，风流时代，舍我其谁？

长太息以掩涕兮，哀民生之多艰

■ 释义

　　长长的叹息啊止不住眼泪流，哀痛民众的生存是这样多灾多难！

■ 出处

　　《离骚》

🌿 原文

长太息以掩涕兮，哀民生之多艰。余虽好修姱以羁兮，謇朝谇而夕替。既替余以蕙纕兮，又申之以揽茝。

■ 作者

屈原。

■ 解词

太息：叹息。哀：哀痛。民生：百姓的生活。

好：爱慕、崇尚。修姱：这里指美好的品德。羁：马缰绳和络头。比喻束缚。謇：古楚语的句首语气词，无实意。谇：谏诤。

替：废弃、贬斥。蕙纕、揽茝：比喻高尚的德行。蕙，香草名。纕，佩带。申：重复，再三。揽：采集。茝：香草名。

■ 浅说

这是《离骚》的节选，抒发了屈原的高洁志向，表达了情系民生的情怀。"长太息以掩涕兮，哀民生之多艰"这两句诗在今天依然能够唤起很多人的共鸣，正如现代诗人贺敬之在他的诗中所言："树梢树枝树根根，亲山亲水有亲人。"只要写作者与人民同呼吸、共命运、心连心，欢乐着人民的欢乐，忧患着人民的忧患，则其笔下的作品必然贯穿着爱国主义的主旋律，也必然回响着"哀民生之多艰"的真情回声。

亦余心之所善兮，虽九死其犹未悔

释义

只要是我心中追求的美好目标，即使百折万死也不会后悔和退缩。

出处

《离骚》

原文

亦余心之所善兮，虽九死其犹未悔。怨灵修之浩荡兮，终不察夫民心。众女嫉余之蛾眉兮，谣诼谓余以善淫。

作者

屈原。

解词

所善：追求的美好目标。九死：万死。"九"是概数，比喻多。

灵修：君主。这里指楚怀王。浩荡：荒唐。察：明白。

嫉：嫉妒。蛾眉：借指女子容貌的美丽。比喻美德。谣诼：造谣毁谤。

善淫：善于谄媚。

▌ 浅说

这是《离骚》的节选，现代人引用"亦余心之所善兮，虽九死其犹未悔"，常用来表达向着目标坚定前进、百折不挠的意思。另外，这里"所善"的"善"，读者除了理解其喜爱和追求的意思，还要注意其"善良"的本意。这里的"余心所善"，其实也有道德自律的含义。一颗心虽然小如一个拳头，却能装得下茫茫宇宙。一颗心虽然形似一枚普通的鲜桃，却是生命之树上最甜最美最红最珍贵的那一颗果实啊！应该用美德充实它，用善念维护它，用真情浇灌它。心就像一个魔袋，你仅仅放进去一粒小小的花籽，它也可能捧给你一个烂漫的春天；你仅仅送给它一滴甘露，它也可能回报给你一脉清波碧浪的涌泉。心被人们比喻成一片肥沃的原野，形象地称为"心田"。这心田上可能生长鲜花，也可能生长荆棘。认真地开垦它、耕耘它吧，千万不要让它无缘无故地荒芜着，只挤满了蒿草和蒺藜啊！

良好的道德素质，是世界观、人生观、价值观的外在反映，是个人人文修养、人格品质、人生境界的具体表现。良好的道德就是一汪潺潺的泉水，在我们心上流淌。自律，也是这泉水的自滤。涤荡尘沙，激浊扬清，这一脉清泉才能永葆澄澈、奔流不歇……

亦余心之所善兮，虽九死其犹未悔

遂古之初，谁传道之？上下未形，何由考之

🍃 释义

远古开始时期，谁制定的规律演化？天地成形之前，又从哪里得以产生？

🍃 出处

《天问》

🍃 原文

曰：遂古之初，谁传道之？上下未形，何由考之？冥昭瞢暗，谁能极之？冯翼惟象，何以识之？明明暗暗，惟时何为？

■ 作者

屈原。

■ 解词

遂：往。传道：制定规律。

上下：天地。形：形成。何由：什么途径。考：完成，引申为产生。

冥昭：指昼夜。瞢暗：昏暗不明的样子。极：弄明白。

冯翼：大气鼓荡流动的样子。象：本无实物存在的、只可想象的形。

识：看清楚。

时：通"是"，这样。何为：怎么回事。

▌浅说

《天问》是诗人屈原被放逐之时写下的一首奇诗，通篇用问句。全诗373句、1560字，这里节选的是开头几句。文字瑰奇壮丽，显示了深厚的学识底蕴、奇异的想象力和勇敢的探索精神。

尺有所短，寸有所长

释义

长的有短处，短的也有长处。比喻各有长处，也各有短处，彼此都有可取之处。

出处

《卜居》

🎋 原文

夫尺有所短，寸有所长。物有所不足，智有所不明，数有所不逮，神有所不通。用君之心，行君之意。龟策诚不能知此事。

■ 作者

屈原。

■ 解词

短：不足。长：有余。

■ 浅说

《卜居》出自《楚辞》，讲述了因为忠诚正直而被迫害的愤懑心情，揭露了黑暗腐败的社会现实，表达了高洁忠贞的品格追求。《卜居》一般认为是屈原所写，也有人认为是不知名的楚国人为悼念屈原而作。这里节选的原文是《卜居》最后一段太卜詹尹的话，意思是说世界上的事物各有长处和短处，东西会有短缺的时候，智慧会有懵懂的情况，卜算会有能力不足的地方，神灵也会有不灵验的现象。认识事物不能够绝对化，要懂得认真思考和衡量。只有首先认清自己，找准自己的位置，向着清晰的目标去追求和奋斗，才能成为最好的自己。

尺有所短，寸有所长

大风起兮云飞扬，威加海内兮归故乡。安得猛士兮守四方

释义

大风猛吹啊云彩飞扬，统一天下啊回归家乡，怎样得到猛士啊镇守国家四方！

出处

《大风歌》

原文

大风起兮云飞扬，威加海内兮归故乡。安得猛士兮守四方！

作者

刘邦（前256—前195），字季（一说原名季），沛郡丰邑中阳里（今江苏丰县）人，秦朝时曾担任泗水亭长，起兵于沛（今江苏沛县）。后成为汉朝（西汉）开国皇帝，庙号为太祖（但自司马迁时就称其为高祖，后世多习用之），谥号为高皇帝，所以史称太祖高皇帝、汉高祖或汉高帝。成为皇帝之前又称沛公、汉中王。

解词

威加海内：威震四海。威，威武，威猛。

安得：哪里寻找。

■ 浅说

《大风歌》其实是思贤若渴的自白。这首诗充分反映了汉高祖刘邦当时的心理状态。风起云涌的局势造就了刘邦的威加海内。衣锦还乡时，思忖往事今时，不知如何守住已得的天下，希望贤才猛士来助自己一臂之力。短短几字的内心独白，有声有色，大气非凡，表现了作者的胸襟和气概。

少壮不努力，老大徒伤悲

释义
年轻力壮的时候不努力奋斗，到了老年只能空空地悲伤。

出处
《长歌行》

🌿 原文

青青园中葵，朝露待日晞。阳春布德泽，万物生光辉。常恐秋节至，焜黄华叶衰。百川东到海，何时复西归。少壮不努力，老大徒伤悲。

■ 作者

作者名无考。《长歌行》是北宋文人郭茂倩（1041—1099）编纂的《乐府诗集》中的一首五言古诗。乐府是自秦代以来设立的朝廷音乐机关，汉武帝时得到大规模的扩建，从民间搜集了大量的诗歌作品。《乐府诗集》全书一百卷，分十二类。上起汉魏，下迄五代，兼有秦以前歌谣十余首。除收入封建朝廷的乐章外，还保存了大量民间入乐的歌词和文人创造的"新乐府诗"。

■ 解词

葵：古代的一种蔬菜。晞：晒干。

布：给予。德泽：恩惠。

秋节：即秋季。至：来到。焜黄：指万物凋零的样子。焜，明亮。华：通"花"。

■ 浅说

本诗通过朝露易逝、春天短暂来突出时间易逝，用百川到海不复归来表明时间一去不返，以此引出最后的结论——后世的哲理名句"少壮不努力，老大徒伤悲"，有理有据，告诉人们要珍惜时光，催人奋发，劝人上进。比喻手法的运用，在本诗中非常出色。

少壮不努力，老大徒伤悲

山不厌高，海不厌深。周公吐哺，天下归心

释义

山越高越好，海越深越好。只有像周公那样勤于政务、广揽贤才，才会得到天下人民的支持。

出处

《短歌行》

原文

对酒当歌，人生几何？譬如朝露，去日苦多。慨当以慷，忧思难忘。何以解忧？唯有杜康。青青子衿，悠悠我心。但为君故，沉吟至今。呦呦鹿鸣，食野之苹。我有嘉宾，鼓瑟吹笙。

明明如月，何时可掇？忧从中来，不可断绝。越陌度阡，枉用相存。契阔谈䜩，心念旧恩。月明星稀，乌鹊南飞。绕树三匝，何枝可依？山不厌高，海不厌深。周公吐哺，天下归心。

作者

曹操（155—220），字孟德，小名阿瞒，一名吉利，沛国谯县（今安徽省亳州市）人。东汉末年著名军事家、政治家和文学家，三国时魏国的奠基人和主要缔造者，后为魏王。其子曹丕称帝后，追尊他为魏武帝。他的诗风悲凉慷慨，豪迈雄健，体现了"建安风骨"的基本特征。与儿子曹丕和曹植合称"三曹"。现存乐府诗二十余首，散文四十余篇，有中华书局辑

校的《曹操集》。

▊ 解词

当：对着。

譬：譬喻，比喻。去：过去。

当以：为了使节奏和谐而用，无实意。忧思：心中忧愁的情绪。

杜康：夏朝第五代国君。酿酒业的鼻祖，被尊为酒圣，因而其名字也代指酒。

青青子衿，悠悠我心：出自《诗经·郑风·子衿》，本是表现女子对爱慕之人的心理，这里表现作者求贤的心理。青衿为古代读书人的代称。

沉吟：沉思低吟，低声吟诵。

呦呦鹿鸣，食野之苹。我有嘉宾，鼓瑟吹笙：出自《诗经·小雅·鹿鸣》，引用此句表达了作者对贤才的重视与渴望。

掇：拾取。

中：内心。

陌：乡间小路，东西走向。度：越过。阡：乡间小路，南北走向。枉：屈尊，屈就。存：问候。

契：相合，投合。燕：同"宴"，宴饮。

山不厌高，海不厌深：出自《管子·形势解》，原句为"海不辞水，故能成其大；山不辞土石，故能成其高；明主不厌人，故能成其众"。

周公吐哺：周公指西周时期的政治家周公旦。吐哺指的是吐出口中正在咀嚼的食物。典故出自《史记》载周公旦自言："一沐三握发，一饭三吐哺，起以待士，犹恐失天下之贤。"意思是周公常常要中断洗澡，并多次吐出口中正在咀嚼的食物，赶快出来迎接来访的客人，唯恐怠慢了天下贤才。此处作者是说要像周公吐哺那样礼贤下士。

山不厌高，海不厌深。周公吐哺，天下归心

■ 浅说

　　此诗是一首求贤诗，用典是其一大特色。引用《诗经》中"子衿"和"鹿鸣"表现对贤才的倾慕和渴望；引用《管子·形势解》和周公的典故，表达自己礼贤下士的决心。本诗作于作者平定北方割据势力后，正准备渡江与孙权、刘备一决高下之时。从诗结尾处的一句"天下归心"，我们也能看出作者一统天下的雄心壮志。

老骥伏枥，志在千里。烈士暮年，壮心不已

■ 释义

　　年老的骏马躺在马槽边，它的志向仍然是千里奔驰；有抱负的壮士到了晚年，奋发进取的豪情壮志也不会停止。

■ 出处

　　《龟虽寿》

老骥伏枥，志在千里。烈士暮年，壮心不已

　　神龟虽寿，猷有竟时。腾蛇乘雾，终为土灰。老骥伏枥，志在千里。烈士暮年，壮心不已。盈缩之期，不但在天；养怡之福，可得永年。幸甚至哉，歌以咏志。

▌作者

　　曹操。

▌解词

　　神龟虽寿，猷有竟时：神龟虽能长寿，但还有死亡的时候。神龟，传说中的通灵之龟，能活几千岁。寿，长寿。竟，尽、完。

　　腾蛇乘雾，终为土灰：腾蛇即使能乘雾升天，最终也得死亡，变成灰土。腾蛇，传说中与龙同类的神物，能兴云驾雾。

　　骥：千里马。枥：马槽。

　　烈士：有雄心壮志的人。暮年：晚年。

　　盈缩：指人的寿命长短。盈，长。缩，短。养怡：保持身心健康。永：长久。

▌浅说

　　写于建安十二年（207 年），曹操时年五十三岁。这首诗通过比兴手法，借用神龟、腾蛇、老骥等形象，阐发了一种积极向上的人生姿态和处世哲理，充满乐观主义的明快格调，表现了老当益壮、积极进取的奋斗激情。全诗笔触淋漓，感情浓烈，韵律沉雄，在抒情叙述议论中取得和谐的美学统一。诗中"老骥伏枥，志在千里。烈士暮年，壮心不已"洋溢着自强不息的豪迈精神，是千古传诵的名句。

老骥伏枥，志在千里。烈士暮年，壮心不已

甘瓜抱苦蒂，美枣生荆棘

释义

甘甜的瓜，却长在苦蒂上。枣虽美味，枣树上却有刺。

出处

《古诗源》

原文

甘瓜抱苦蒂，美枣生荆棘。利傍有倚刀，贪人还自贼。

作者

作者名不详，汉代人作。本诗为清人沈德潜选编入《古诗源》,《古诗源》是唐之前古诗最重要的选本。

■ 解词

美枣：甜枣。美，这里指味道。荆棘：山野丛生多刺的灌木。这里指枣树枝干多刺。

傍：旁。倚刀：指"利"字旁边有立刀旁。贪人：贪婪的人。自贼：自己伤害自己。

■ 浅说

诗的原意是提醒人们要警惕利诱，不能贪心。诗句浅显易懂，道理明白晓畅。现代人引用"甘瓜抱苦蒂，美枣生荆棘"，也用来说明世界上没有十全十美的事物的哲理。因为事物存在优点就把它看得完美无缺是不全面的，因为事物存在缺点就把它看得一无是处也是不全面的。

甘瓜抱苦蒂，美枣生荆棘

037

何意百炼钢，化为绕指柔

释义

谁能想到经过千锤百炼的钢，竟变作可以绕指的柔丝。

出处

《重赠卢谌》

原文

功业未及建，夕阳忽西流。时哉不我与，去乎若云浮。朱实陨劲风，繁英落素秋。狭路倾华盖，骇驷摧双辀。何意百炼钢，化为绕指柔。

作者

西晋时期刘琨（271—318），字越石，中山魏昌（今河北无极县）人。军中名将，懂音乐，擅诗文。青年时曾与好友祖逖一起练武，留下闻鸡起舞、枕戈待旦、先吾着鞭等典故。曾任并州刺史等职。后被猜忌而杀。著有《刘越石集》等。

解词

功业：建功立业。西流：比喻时光飞逝。

时：时光。与：等待。若云浮：像浮云一样。

朱实：红的果实。陨：落。劲风：凛冽的风。繁英：繁花。素秋：

霜秋。

华盖：华丽的车盖。辀：车辕。

何意：谁能想到。绕指柔：缠绕在手指上的柔软物品。

▌浅说

这是刘琨临终前写给自己的部下和好友卢谌的一首诗。本书节选了最后几句。诗的前半部分回忆了自己率兵的战斗经历和悲凉心情，叙述了前人受冤蒙困的遭际，最后这一部分抒发自己一生的感慨，表达心中的忧愤和无奈。节选诗句的意思是说：功业还没有建成，人生却如夕阳西下。时光不等人，像浮云一样飘走。红色的果实坠落凛冽的风中，繁花的花瓣在霜秋凋谢。险恶的世道就像狭窄的路，翻了我的车，惊了我的马，折断了我的车辕。谁能想到我这铁打的硬汉，如今变成人家指间玩弄的柔丝。

何意百炼钢，化为绕指柔

落其实者思其树，饮其流者怀其源

释义

收获果实，要想到结果实的树。汲取流水，要想到流水的源泉。

出处

《徵调曲》

原文

正阳和气万类繁，君王道合天地尊。黎人耕植于义圃，君子翱翔于礼园。落其实者思其树，饮其流者怀其源。咎繇为谋不仁远，士会为政群盗奔。克宽则昆虫内向，彰信则殊俗宅心。浮桥有月支抱马，上苑有乌孙学琴。赤玉则南海输赆，白环则西山献琛。无劳凿空于大夏，不待蹶角于蹛林。

作者

庾信（513—581），字子山，小字兰成，南北朝时期南阳新野（今属河南）人。曾是梁宫体文学的代表作家，后梁为西魏所灭，留在西魏为官。北周代魏后曾任骠骑大将军、开府仪同三司等职。著有《庾子山集》。《徵调曲》是南北朝时期文学家、诗人庾信《周五声调曲》中的诗，五声即宫商角徵羽。《徵调曲》一共六首，这是第六首。

解词

正阳：指日中之气。古人认为世间有六气，"平旦朝霞，日午正阳，日入飞泉，夜半沆瀣，并天地二气为六气也"。和气：天地间阴气与阳气交合而成之气。万物由此"和气"而生。道合：志趣相同；气味相投。

黎人：黎民百姓。翱翔：遨游。礼园：指修习礼仪之处。

落：击落，指收获。实：果实。怀：怀想。

咎繇：即皋陶，舜之贤臣。咎，通"皋"。士会：即范武子（随武子），春秋时期晋国大夫，祁姓，士氏，名会，字季，因封于随，称随会；封于范，又称范会；以大宗本家氏号，又为士会。升任执政后专务教化，使晋国之盗皆逃于秦。

克宽：能够宽容。克，能够。昆虫：虫类的统称。内向：归附。彰信：彰显诚信。宅心：归心。

月支：即月氏，古族名，曾于西域建月氏国，游牧于敦煌、祁连间。汉文帝时部族遭匈奴攻击，大部分西迁塞种故地，称大月氏；少数没有西迁的人入南山与羌人杂居，称小月氏。抱马：牵马。抱，引取。乌孙：西域古国名，去长安八千九百里。

输赆：贡献礼物。献琛：进献珍宝。表示臣服。

无劳：不须。凿空：开通道路。凿，开。空，通。大夏：古国名，指塞种人诸部控制的地区，汉张骞出使西域时曾抵达。不待：用不着。蹶角：以额头叩地，表示臣服。蹛林：汉代匈奴积祭之处，借指匈奴。

■ 浅说

这首诗典故迭出，文字考究，风格绮丽，主题却很简明：全文描写的是实行德政、顺应民心、天下太平的理想景象。"落其实者思其树，饮其流者怀其源"这两句诗，则提醒我们常思来路，不忘初心。

落其实者思其树，饮其流者怀其源

共欢新故岁，迎送一宵中

释义

大家一起迎新年，辞旧岁，喜度良宵。

出处

《守岁》

原文

暮景斜芳殿，年华丽绮宫。寒辞去冬雪，暖带入春风。阶馥舒梅素，盘花卷烛红。共欢新故岁，迎送一宵中。

作者

李世民（598—649），祖籍陇西成纪，唐朝第二位皇帝，年号贞观，开创了历史上著名的贞观之治。庙号太宗，葬于昭陵。

解词

暮景：夕阳的光辉。芳殿：华丽精美的殿宇。丽：使动用法，使……美丽。绮宫：富丽堂皇的宫室。

馥：香气。舒：绽放。盘花：指供品。

　　唐代贞观年间，国家繁荣兴盛。除夕守岁时节，唐太宗写了这首诗，描写皇宫里过年的热闹景象。全诗朴实自然，热烈庄重。最后两句"共欢新故岁，迎送一宵中"，描写的是除夕才有的热闹情景。

疾风知劲草，板荡识诚臣

释义

　　迅猛的狂风吹拂下才能显出草的坚韧，经历严峻的考验才能识别臣子的忠诚。

出处

　　《赐萧瑀》

原文

疾风知劲草，板荡识诚臣。勇夫安识义，智者必怀仁。

作者

李世民。

解词

疾：迅猛。劲：坚韧。板荡：《板》《荡》都是《诗经·大雅》中讥刺统治者昏庸无道而导致国家败坏、社会动乱的诗篇。后人用板荡来比喻政局混乱、社会动荡。诚臣：忠臣。

勇夫：鲁莽好斗的人。识义：识知义理。智者：有智谋或智慧的人。怀仁：归服于仁德。

浅说

唐代李世民做皇帝后，把帮他登基有功的萧瑀封为宰相。但由于萧瑀性情刚直，与其他大臣合不来，李世民便让他改做太子太傅。萧瑀毫无怨言，十分尽职。李世民对萧瑀的"忠直"很满意，于是就赠了这首诗给他。现代人引用"疾风知劲草，板荡识诚臣"，大多用来表达只有经过考验才能了解一个人的意志和品德的意思。

海内存知己，天涯若比邻

🎋 释义

四海之内有知心朋友，即使远在天边，也觉得像邻居一样亲近。

🎋 出处

《送杜少府之任蜀州》

🎋 原文

城阙辅三秦，风烟望五津。与君离别意，同是宦游人。海内存知己，天涯若比邻。无为在歧路，儿女共沾巾。

■ 作者

王勃（约650—676），字子安，唐代绛州龙门（今山西河津）人，与杨炯、卢照邻、骆宾王并称"初唐四杰"。由广州渡海赴交趾不幸溺水而逝。作品收入《王子安集》等。

■ 解词

杜少府：作者的朋友。少府：官名，就是县尉。唐代的时候，一个县的行政长官称为"令"，县令以下有一名"丞"，处理文事，有一名"尉"，处理武事。"明府"是县令的尊称，"赞府"是县丞的尊称，"少府"是县尉的尊称。之任蜀州：到蜀地去做官。之：赴，到。蜀：泛指蜀地，即今四川。

城阙：指长安城城楼。辅：拱卫。三秦：指长安城附近的关中之地。风烟：风烟迷茫之中。五津：指岷江的五个渡口白华津、万里津、江首津、涉头津、江南津。这里泛指蜀川。津，渡口。

宦游：外出做官。

海内：四海之内。天涯：天边。比邻：近邻。

无为：不必。歧路：岔路。儿女：像儿女一样。沾巾：泪水沾湿衣服。

■ 浅说

歧路也就是岔路的意思，古人送行，常常是送到大路的岔口才分手，所以他们有时候把临别称为"临歧"，这样说"歧路"就有了送别的含义。另外，人哭了就要用手帕擦拭眼泪，于是"沾巾"就可以用来代替哭泣。明代胡应麟用"兴象宛然，气骨苍然"来形容这首著名的送别诗。该诗从眼前的城阙写到三秦，接着遥望蜀川，继而环视海内、展望天涯，胸襟博大，气度不凡。诗人没有在离别的悲伤感情方面浪费笔墨，表达的是潇洒昂扬的豪迈情怀和二人深厚的友谊。全诗语言朴素，意境开阔，结构严密，格调高昂。全诗雄壮豁达，洋溢着阳刚之气，其中"海内存知己，天涯若比邻"两句，千古传诵。

海内存知己，天涯若比邻

圣人不利己，忧济在元元

释义

高尚的人，不追求一己之利，他所关心、济助的是普天下的老百姓。

出处

《感遇诗》

原文

圣人不利己，忧济在元元。黄屋非尧意，瑶台安可论？吾闻西方化，清净道弥敦。奈何穷金玉，雕刻以为尊？云构山林尽，瑶图珠翠烦。鬼工尚未可，人力安能存？夸愚适增累，矜智道逾昏。

作者

陈子昂（659—700），字伯玉，唐代梓州射洪（今属四川）人。曾任麟台正字、右拾遗等职，后世称陈拾遗。家世豪富，性情豪迈，因为给朝廷提意见被免官。回故乡后又受到诬陷，被县令段简迫害冤死狱中。他的诗标举汉魏风骨，强调兴寄，反对柔靡之风，为初唐诗坛注入了蓬勃的活力，是唐代诗歌革新的先驱。存诗共 100 多首。

解词

圣人：贤明的人。忧济：忧，关心。济，济助。元元：百姓。

黄屋：古代帝王所乘车名，车盖用黄缯做里子。瑶台：用玉石装饰的楼台。安可：不必。

化：习俗，风气。弥：更。敦：敦厚，淳厚。

穷：穷尽。

云构：高大的建筑。

夸愚：炫耀愚蠢的行为。适：只。累：累赘。昏：糊涂。

▌浅说

这首诗以议论为主，对不顾人民死活而大兴土木、愚昧迷信、穷奢极欲的社会现实进行了直接抨击和指斥，犀利尖刻，一针见血。我们的各级官员是来自人民，为了人民的。倾听人民的呼声，了解人民的愿望，改进工作，"关心、济助"每一个需要关心济助的人，是责任，也是义务。

圣人不利己，忧济在元元

相知无远近，万里尚为邻

释义

心意相通的挚友不分远近，相隔万里也近如邻里。

出处

《送韦城李少府》

原文

送客南昌尉，离亭西候春。野花看欲尽，林鸟听犹新。别酒青门路，归轩白马津。相知无远近，万里尚为邻。

作者

张九龄（678—740），一名博物，字子寿，唐代韶州曲江（今广东省韶关市）人，后世又称张曲江。唐中宗景龙初年进士，历任左拾遗、中书侍郎、中书令、同中书门下平章事等。谥号"文献公"。唐玄宗称其为"曲江风度"。有《曲江集》二十卷传世。

解词

韦城：地名。属汴州。治所在今河南省滑县东南。

南昌尉：指梅子真，即梅福，江西寿春人，曾为南昌尉。西汉元始年间，王莽篡汉，梅福便弃妻子隐居宜丰山中，传说后成仙。这里代指同为县尉的李少府。离亭：古代建于离城稍远的道旁供人歇息的亭子。古人往往于此送别。西候：西边的亭站。旧时送别之处。候，亭子。

欲：将。

青门：汉青门外有灞桥，汉人送客至此桥，折柳赠别。这里指离别的路。归轩：回程的地方。白马津：韦城渡口名。在今河南省滑县北。

相知：心意相通。尚：依然。

■ 浅说

《送韦城李少府》是一首送别诗，诗人细细描绘了周围的景物，并展开想象的翅膀写到友人回来时的渡口，朴素深沉，真挚感人。尾联"相知无远近，万里尚为邻"，把距离和情感的辩证关系进行了诗意诠释，提出只要感情在、心意通，即使相隔万里也近如邻居。现代人常在外交场合引用"相知无远近，万里尚为邻"这句古诗，可称为中国同友好国家关系的真实写照。

相知无远近，万里尚为邻

欲穷千里目，更上一层楼

🌿 释义

如果要想看遍遥远的风景，那就再登上更高一层的楼。

🌿 出处

《登鹳雀楼》

🌿 原文

白日依山尽，黄河入海流。欲穷千里目，更上一层楼。

▌作者

王之涣（688—742），字季陵，唐代晋阳（今山西太原）人。文章和诗歌写得都很好，当时的音乐家们很喜欢演唱他的作品。他比较擅长写五言诗，描写边塞风光的作品最为有名。

▌解词

鹳雀楼：楼名，旧址在今山西省永济市，原有楼三层，经常有鹳雀落在上面，所以得名。鹳雀楼前望中条山，下临黄河，后被河水冲没。

白日：太阳。依：挨着或贴着。尽：这里指落下。

欲：想要。穷：穷尽。千里：虚数。形容距离远。目：眼睛，这里代指视线。更：再，还要。

▌浅说

　　"欲穷千里目，更上一层楼"是经常被人们引用的古诗词，比喻发展中需要新机遇、新境界。《登鹳雀楼》描绘了雄伟壮丽的风光，反映了诗人积极向上的态度和远大的追求。前两句写的是登楼之后看到的景色，后两句表现了诗人积极进取的精神，同时也说出了"只有站得高，才能看得远"的朴素哲理。后两句从字面来看，是两个句子，但从表现的语意来说，它们却不是独立的，只有合起来才能表达一个完整的意思，就像流水一般，分不开、剪不断。这种对偶句，就叫流水对。这首诗最后用流水对，读起来一气呵成，流畅自然，更形象地表现了作者登高远望的豪情壮志。太阳落山之后，光线昏暗，即使再登上一层楼，也看不清远处的景物了。诗人却在"白日依山尽"的时候，说什么"欲穷千里目，更上一层楼"，这是否违反生活常识呢？其实，"白日依山尽"的"尽"在这里是动词，不是完了的意思，而是指"落"的过程。当太阳将落未落的时候，登上鹳雀楼，那壮丽的美景让诗人又陶醉又迷恋，所以才有"欲穷千里目，更上一层楼"的感慨，这样写，并不违反生活常识。

欲穷千里目，更上一层楼

人事有代谢，往来成古今。
江山留胜迹，我辈复登临

释义

世间的人和事交替变换，寒来暑往形成了从古到今的历史。江山保留下来无数的名胜古迹，而今我们再次到这里游览。

出处

《与诸子登岘山》

原文

人事有代谢，往来成古今。江山留胜迹，我辈复登临。水落鱼梁浅，天寒梦泽深。羊公碑尚在，读罢泪沾襟。

作者

孟浩然（689—740），唐代襄州襄阳（今湖北襄樊）人，别人也叫他孟襄阳。因为他曾经隐居在鹿门山，也被称为孟山人。他的诗风格清淡，多写山水田园的幽清境界，和王维齐名，合称"王孟"，是唐代山水田园诗派的代表。

解词

岘山：岘首山，在今湖北襄阳城以南。

人事：人间的事情。代谢：新旧更迭交替，轮转。

胜迹：有名的古迹、遗迹。复登临：再次游览。这里的"复"是对羊祜曾登岘山而言。登临，登山临水，也指游览。

鱼梁：指鱼梁洲，在沔水中。梦泽：云梦泽，古大泽。

羊公碑：晋羊祜曾镇守襄阳，有德政。他去世后，襄阳百姓为他立碑于岘山，称羊公碑。见其碑者"莫不流涕"，旧时因以"羊碑"作为颂扬官吏德政的用典。

■ 浅说

这首诗叙述了作者和几位朋友一起登岘山、凭吊羊公碑的情景，表达了对羊祜这种好官的怀念和对人事变迁的感慨。

人事有代谢，往来成古今。江山留胜迹，我辈复登临

不破楼兰终不还

🎋 释义

不打败楼兰的敌人不返回家乡。

🎋 出处

《从军行》

🎋 原文

青海长云暗雪山，孤城遥望玉门关。黄沙百战穿金甲，不破楼兰终不还。

▌作者

王昌龄（698—约756），字少伯，唐代京兆长安（今陕西西安）人。一作太原（今属山西）人。他是盛唐诗坛的著名诗人，被称赞为"诗家夫子"。曾补秘书郎，贬龙标尉。他的诗歌以七绝见长，又被称为"七绝圣手"。他的边塞诗气势雄浑，格调高昂，尤其著名。

▌解词

从军行：属于乐府旧题《相和歌辞·平调曲》，多写军人征战生活的内容。

青海：即今青海湖。长云：多云，漫天皆云。雪山：终年积雪的山，

这里指祁连山。孤城：孤零零的戍边的城堡，这里指玉门关，因地广人稀，周围没有别的城堡关塞，所以称作孤城。玉门关在今甘肃敦煌西。

穿：磨破。金甲：战衣，是金属制成的盔甲。破楼兰：借指彻底消灭敌人。楼兰，古汉时西域国名。汉昭帝时汉将傅介子曾经用计斩杀楼兰王。本诗借用楼兰泛指当时侵扰西北边区的敌人。

▌ 浅说

《从军行》共七首，所选诗句出自第四首。这首诗描写了整个西北边境的苍茫景色，表达了边塞将士们渴望报国立功的豪迈气概。笔调悲壮豪迈，境界辽阔宏大，铿锵有力，掷地有声。"黄沙百战穿金甲"是概括力极强的名句。通过这句诗，可以体会到将士们驻守边疆的时间漫长，边疆战争的次数频繁，战斗非常艰苦，敌军非常凶狠，边塞地区非常荒凉等很多层含义。现代人引用"不破楼兰终不还"来表达坚定信心、勇于担当、攻坚克难、乘势前进的意思。

不破楼兰终不还

长风破浪会有时，直挂云帆济沧海

释义

相信总有一天会乘长风破万里浪，挂上云帆，飞渡沧海，到达理想的彼岸。引申为理想终究会实现，一定能够克服困难，大展宏图。

出处

《行路难》

原文

金樽清酒斗十千，玉盘珍羞直万钱。停杯投箸不能食，拔剑四顾心茫然。欲渡黄河冰塞川，将登太行雪暗天。闲来垂钓碧溪上，忽复乘舟梦日边。行路难，行路难，多歧路，今安在？长风破浪会有时，直挂云帆济沧海。

作者

李白（701—762），字太白，号青莲居士，唐代人。祖籍陇西成纪（今甘肃省天水附近）。少居蜀中绵州（今四川绵阳江油一带），读书学道。曾在朝廷担任翰林院供奉，后来受到陷害，开始漫游各地。卒于当涂（今属安徽）。他的诗歌壮丽雄奇，潇洒豪迈，富于想象力，被人们称为"诗仙"。

▇ 解词

樽：古代盛酒的器具。十千：一万，言酒价之高。珍羞：名贵菜肴。羞，同"馐"。直：同"值"。

箸：筷子。顾：四面看。茫然：犹惘然。失意的样子。

太行：即太行山，在今山西、河北、河南三省边界。垂钓碧溪上：用周姜太公的典故。姜太公未遇周文王前，曾一度垂钓于磻溪。

乘舟梦日边：用商伊尹的典故。相传伊尹在受商汤聘请之前，梦见自己乘舟经过日月之边。

长风破浪：出自南北朝时期南朝宋将领宗悫的故事。宗悫年少时，叔父问他的志向，他说："愿乘长风破万里浪。"后人们以此比喻人的志向远大，气魄雄伟。云帆：白色的船帆。沧海：大海。

▇ 浅说

诗人以"行路难"来比喻世道的艰难险阻，倾诉了自己心中怀才不遇的孤独和悲愤，同时也表达了自己激昂奔放、奋力追求的远大志向和济世情怀。

长风破浪会有时，直挂云帆济沧海

人生得意须尽欢

释义

人生顺利的时候要尽情享受欢乐。

出处

《将进酒》

原文

　　君不见黄河之水天上来，奔流到海不复回。君不见高堂明镜悲白发，朝如青丝暮成雪。人生得意须尽欢，莫使金樽空对月。天生我材必有用，千金散尽还复来。烹羊宰牛且为乐，会须一饮三百杯。岑夫子，丹丘生，将进酒，杯莫停。与君歌一曲，请君为我倾耳听。钟鼓馔玉不足贵，但愿长醉不复醒。古来圣贤皆寂寞，惟有饮者留其名。陈王昔时宴平乐，斗酒十千恣欢谑。主人何为言少钱，径须沽取对君酌。五花马，千金裘，呼儿将出换美酒，与尔同销万古愁。

作者

　　李白。

解词

　　将：愿，请。

君不见：你看不见吗？天上来：黄河发源于青藏高原，地势高峻，好像从天上流下来。

高堂：华丽的建筑。

千金：概数，比喻钱财的数量极大。

且为乐：姑且寻欢作乐。会须：应当。

岑夫子：指岑勋。李白的好友。丹丘生：元丹丘。李白的好友。

倾耳：表示倾听时的专注。

钟鼓：富贵人家宴会中奏乐使用的乐器。馔玉：精美的食物。

陈王：指陈思王曹植。平乐：平乐观，宫殿名。在洛阳西门外，为当年显贵的游乐场所。恣：无拘无束。谑：玩笑。

径须：只管。沽：买。

五花马：泛指骏马。千金裘：泛指贵重的衣物。将出：拿去。销：使……消。万古愁：久远的愁闷。

▌浅说

这是一篇劝酒词，大约作于天宝十一年（752 年），作者跟好友岑勋多次到嵩山元丹丘处聚饮。诗中把饮酒过程和心态描写得神采飞扬，激情洋溢。豪迈的笑声背后是不被重用的孤独和寂寞，轻快的情绪中夹杂着愤世嫉俗的万般苦闷和凄凉。这首诗中多有名句，千古流传。今人引用"人生得意须尽欢"，有时是用于讽刺享乐主义，主要指精神懈怠、不思进取，追名逐利、贪图享受，讲究排场、玩风盛行以及意志消沉、信念动摇，追求物质享受、情趣低俗、玩物丧志，沉湎花天酒地，热衷灯红酒绿，纵情声色犬马，奉行及时行乐的人生哲学。

人生得意须尽欢

东风随春归，发我枝上花

释义

东风跟随春天的脚步回来，为我催开了枝头的鲜花。

出处

《落日忆山中》

原文

雨后烟景绿，晴天散余霞。东风随春归，发我枝上花。花落时欲暮，见此令人嗟。愿游名山去，学道飞丹砂。

作者

李白。

解词

烟景：春天的美景。晴天：晴朗的天空。

发我：为我催开。

欲：将近。令人：品德美好的人。出自《诗经》"凯风自南，吹彼棘薪，母氏圣善，我无令人"。令，就是美好的意思。嗟：叹息。

学道：学习道行。指修仙。飞丹砂：炼制金丹和丹砂。

▋ 浅说

这首诗细腻描写了山中隐居生活的美好感受。春雨之后，山色翠绿，晴朗的天空飘着美丽的晚霞。春天随着东风归来，为诗人催开枝头鲜花。可惜诗人其实是身处在喧嚣红尘之中，面对着黄昏落日深情回忆山中美景，品德美好的人怎能不叹息懊悔呢？但愿早点离开这不愉快的城市生活，去游览名山大川，随仙人们去炼丹学道。他这种想法，其实也是对现实黑暗和庸俗生活的一种委婉批评。现代人引用"东风随春归，发我枝上花"，多用来表达对春天的赞美。

新松恨不高千尺，恶竹应须斩万竿

▋ 释义

新松挺拔，恨不得它长到千尺之高。恶竹随处乱生，斩去万竿也不嫌多。

《将赴成都草堂途中有作，先寄严郑公》

🌿 **原文**

常苦沙崩损药栏，也从江槛落风湍。新松恨不高千尺，恶竹应须斩万竿。生理只凭黄阁老，衰颜欲付紫金丹。三年奔走空皮骨，信有人间行路难。

■ **作者**

杜甫（712—770），字子美，自号少陵野老，唐代人，原籍湖北襄阳，生于河南巩县（今河南巩义市）。初唐诗人杜审言之孙。曾任左拾遗、检校工部员外郎等职，所以被称为杜拾遗、杜工部。其诗歌成就很高，后人称其为"诗圣"，他的诗被称为"诗史"。杜甫与李白被合称"李杜"。现存1500余首诗歌，有《杜工部集》。

■ **解词**

严郑公：即杜甫的好友严武。公元763年，严武封郑国公，故称严郑公。764年2月，严武再度出任成都尹兼剑南节度使，邀请杜甫重返成都。

常苦：经常困扰于。沙崩：沙岸崩塌。损：损坏。江槛：临江的栏杆。落：掉。风湍：风浪。

新松：指此前种的四棵小松。

生理：生计。黄阁老：指严武。唐时两省（中书省和门下省）官员相呼为"阁老"。严武此时以黄门侍郎为成都尹兼剑南节度使，所以称"黄阁老"。紫金丹：古代方士所谓服之可以长生的丹药。

空皮骨：皮包骨头。空，瘦得没有肉。行路难：行路艰难。这里比喻处世不易。

新松恨不高千尺，恶竹应须斩万竿

▌浅说

《将赴成都草堂途中有作，先寄严郑公》一共有五首律诗，都写在漂泊三年、重回成都草堂途中。这首诗是第四首。诗中想象回到草堂之后修整江槛药栏、清理花木、培育新松的计划，感谢严武的接济照顾，感叹自己身体老迈和世路艰难。诗的主要意思是倾诉自己的穷困衰老，希望继续得到身为地方官朋友的照顾。全诗写得凄苦悲凉，而又谦恭得体。现代人引用"新松恨不高千尺，恶竹应须斩万竿"，有时是表达除恶务尽的意思。

朱门酒肉臭，路有冻死骨

释义
富贵人家的酒肉飘香，穷人却在路上因饥饿寒冷而死。

出处
《自京赴奉先咏怀五百字》

🌿 原文

中堂舞神仙，烟雾散玉质。暖客貂鼠裘，悲管逐清瑟。劝客驼蹄羹，霜橙压香橘。朱门酒肉臭，路有冻死骨。荣枯咫尺异，惆怅难再述。

■ 作者

杜甫。

■ 解词

中堂：庭堂。舞神仙：像神仙一样的人物在曼舞。烟雾：形容美女的薄纱衣。玉质：美人的肌肤。

暖客：供客人保暖的方式。貂鼠裘：指貂鼠皮袄。悲管、清瑟：美妙的乐器。逐：演奏。

驼蹄羹：骆驼蹄做的汤。霜橙、香橘：金橘、香橙都来自遥远的南方。描写贵族生活豪华奢侈。

朱门：代指富贵人家。臭：通"嗅"，古意为气味。

■ 浅说

这首诗题下原注："天宝十四载十月初作。"原诗五百字，此处节选的是中间的一小段。杜甫当时在由都城长安往奉先县（今陕西蒲城）探望妻儿的路上写了这首诗。诗人通过自己的见闻，揭示了当时尖锐的社会矛盾和贫富差别。

朱门酒肉臭，路有冻死骨

为人性僻耽佳句，语不惊人死不休

释义

我的性格孤僻，最沉迷的事情就是琢磨诗句。写不出惊人之语，至死也不肯罢休。

出处

《江上值水如海势聊短述》

原文

为人性僻耽佳句，语不惊人死不休。老去诗篇浑漫与，春来花鸟莫深愁。新添水槛供垂钓，故着浮槎替入舟。焉得思如陶谢手，令渠述作与同游。

作者

杜甫。

解词

值：正逢。水如海势：江水如同大海的雄浑气势。聊：姑且。

性僻：性情内向，不喜欢热闹。耽：沉迷。死不休：死也不停止。

浑：完全。漫与：随意写来。

故着：又设置了。槎：木筏。入舟：驶向大海的大船。

陶谢：陶渊明、谢灵运。令渠：让他们。

▌浅说

　　"语不惊人死不休"意思是写不出打动人心的诗句，到死也不肯罢休。这首诗写于杜甫50岁以后。诗的开头并没有对滔滔江水做详细描写，却首先来了一段内心独白。写的是作诗体会也好，描绘的是春日风景也好，这段内心独白都是直接从对江水的感受而来的。金圣叹说此"不必于江上有涉，而实从江上悟出也"。随后颈联开始涉及江水，但也只是通过"水槛""浮槎"简单描写，侧面烘托水势。最后联想到陶渊明、谢灵运，表达对他们的敬仰，也流露出与他们为伍的一份自信，同时暗示江水景色的壮美。

为人性僻耽佳句，语不惊人死不休

读书破万卷，下笔如有神

释义

能够读懂万卷书，写文章时就有如神助，挥洒自如。

出处

《奉赠韦左丞丈二十二韵》

原文

纨绔不饿死，儒冠多误身。丈人试静听，贱子请具陈。甫昔少年日，早充观国宾。读书破万卷，下笔如有神。赋料扬雄敌，诗看子建亲。李邕求识面，王翰愿卜邻。自谓颇挺出，立登要路津。致君尧舜上，再使风俗淳。此意竟萧条，行歌非隐沦。骑驴十三载，旅食京华春。朝扣富儿门，暮随肥马尘。残杯与冷炙，到处潜悲辛。主上顷见征，欻然欲求伸。青冥却垂翅，蹭蹬无纵鳞。甚愧丈人厚，甚知丈人真。每于百僚上，猥颂佳句新。窃效贡公喜，难甘原宪贫。焉能心怏怏，只是走踆踆。今欲东入海，即将西去秦。尚怜终南山，回首清渭滨。常拟报一饭，况怀辞大臣。白鸥没浩荡，万里谁能驯？

■ 作者

杜甫。

■ 解词

纨绔：指富家不学无术的子弟。不饿死：不会饿死。儒冠：指儒生。误身：穷困潦倒。

丈人：对长辈的尊称。贱子：作者谦称自己。具陈：全面陈说。

观国宾：语出《周易》："观国之光尚宾也。"这里指杜甫以乡贡资格在洛阳参加进士考试的事。

破万卷：读透读懂的书很多。

扬雄：西汉辞赋家。敌：匹敌。子建：指三国时期曹植。亲：接近。

李邕：唐北海郡太守，曾主动结识杜甫。王翰：唐著名诗人。卜邻：作为邻居。

挺出：杰出。

尧舜：上古的圣君。

旅食：寄食。

主上：指唐玄宗。欻然：忽然。欲求伸：希望表现自己的才能。

青冥却垂翅：飞鸟折翅从天空坠落。蹭蹬：行进困难的样子。纵鳞：任意游泳的鱼。

猥：谦辞，犹言辱。

贡公：西汉人贡禹。他听到好友王吉显贵了，高兴得弹冠相庆。原宪：孔子的学生，以贫穷出名。

怏怏：气愤不平。踆踆：进退两难的样子。

东入海：指避世隐居。孔子曾言："道不行，乘桴浮于海。"去秦：离开长安。

白鸥：诗人自比。浩荡：指浩荡的烟波。驯：约束。

▌ 浅说

杜甫当时困守长安，希望得到韦左丞丈的帮助，所以这首奉赠诗带有一定的社交性质。杜甫写得不卑不亢，既表露了衷肠，也控诉了当时社会的不公，抨击了当时压抑人才的社会现实。排比句的大量运用，使全诗读起来有回肠荡气的感觉，非常成功。

会当凌绝顶，一览众山小

❧ 释义

一定要登上山巅，俯瞰下面的群山，那时群山就会显得极为渺小。

🌿 **原文**

岱宗夫如何？齐鲁青未了。造化钟神秀，阴阳割昏晓。荡胸生层云，决眦入归鸟。会当凌绝顶，一览众山小。

▌ **作者**

杜甫。

▌ **解词**

岱宗：指泰山。因其居五岳之首，尊称岱宗。夫：语气词，无实意。

齐鲁：先秦时期的两个国名，这里泛指山东一带。青未了：苍莽的青色看不到边。

造化：大自然。神秀：神奇峻秀。阴阳：指山北山南半暗半明。昏晓：黄昏和早晨。

荡胸：冲击着心房。决眦：形容睁大眼睛，好像眼眶裂开。眦：眼眶。

会当：定要。凌：攀登。绝顶：山巅。览：这里指俯首巡览。

▌ **浅说**

杜甫共写过三首《望岳》诗，分别写的是望泰山（东岳）、衡山（南岳）、华山（西岳）。这首诗写的是东岳泰山，是杜甫青年时期的作品，为现存杜诗中写作时期最早的一首。全诗按照从远到近、从眼见到心想的顺序徐徐写来。第一句采用问句，像是问候泰山，也像是向读者呼告，可谓先声夺人。"齐鲁青未了"则为泰山的伟岸提供了一个宏阔的背景。接下来直

接描述泰山的高大雄伟，再接着叙述自己心中的惊叹和敬仰。最后两句哲思飞扬，气韵高昂，歌颂了勇于攀登不畏艰险的奋斗精神，表达了高瞻远瞩的宏伟气魄。

安得广厦千万间，大庇天下寒士俱欢颜，风雨不动安如山

安得广厦千万间，大庇天下寒士俱欢颜，风雨不动安如山

释义

哪里找千万间高大的房屋，让天下的穷人都住进去，脸上都露出微笑。风雨无法撼动，像山一样安稳。

出处

《茅屋为秋风所破歌》

八月秋高风怒号，卷我屋上三重茅。茅飞渡江洒江郊，高者挂罥长林梢，下者飘转沉塘坳。

南村群童欺我老无力，忍能对面为盗贼。公然抱茅入竹去，唇焦口燥呼不得，归来倚杖自叹息。

俄顷风定云墨色，秋天漠漠向昏黑。布衾多年冷似铁，娇儿恶卧踏里裂。床头屋漏无干处，雨脚如麻未断绝。自经丧乱少睡眠，长夜沾湿何由彻。

安得广厦千万间，大庇天下寒士俱欢颜，风雨不动安如山。呜呼！何时眼前突兀见此屋，吾庐独破受冻死亦足。

▋ 作者

杜甫。

▋ 解词

秋高：秋日天空澄澈高爽。怒号：拟人，风声呼啸的意思。三重：几层。三，泛指多。

挂罥：挂绕。塘坳：低洼积水的小池塘。

忍能对面：忍心当面这样。

竹：竹林。呼不得：喊不回来。

俄顷：一会儿。漠漠：迷蒙的样子。向：将近。

布衾：布被。恶卧：睡相不好。

雨脚：密集落地的雨点。

丧乱：时事和政局动乱，这里指安史之乱。彻：彻晓，天明。

安得：哪里找到。广厦：高大的房屋。大庇：全部保护起来。庇，遮护。寒士：贫寒的人。

安得广厦千万间，大庇天下寒士俱欢颜，风雨不动安如山

突兀：高耸的样子。足：满足。

▌浅说

　　这是杜甫非常著名的作品，中学语文课本收录多年，很多读者都比较熟悉。诗中最感人的就是"安得广厦千万间，大庇天下寒士俱欢颜"和"何时眼前突兀见此屋，吾庐独破受冻死亦足"，诗人没有自伤自怜，而是推己及人，以博大的胸襟表达了共济天下的美好愿望，体现出情系百姓的温暖情怀。

润物细无声

❧ 释义

　　滋润万物而且寂静无声。

❧ 出处

　　《春夜喜雨》

🌿 原文

好雨知时节，当春乃发生。随风潜入夜，润物细无声。野径云俱黑，江船火独明。晓看红湿处，花重锦官城。

▌作者

杜甫。

▌解词

乃：就。发生：催发植物生长。

潜：暗暗地，悄悄地。润物：使植物受到雨水的滋润。

径：乡下的小路。

花重：花因沾着雨水，显得饱满沉重。锦官城：成都的别称。

▌浅说

这首诗通过对春夜雨景的描绘，表达了喜悦兴奋的心情。全诗虽没直接出现一个"喜"字，但字里行间却处处流露出诗人内心的喜悦。诗的开头用拟人手法，盛赞春雨善解人意，好像懂得人们的心愿似的。中间四句写雨中的景象。最后两句想象天明以后春色满城的美景，余味悠长，非常生动！这首诗中的喜雨被称为好雨。"好"在什么地方？好在"知时节"，细雨"选择"了春天这个美好的季节；好在"润物细无声"，滋润万物而且寂静无声，绝不四处张扬，大声喧哗；好在"花重锦官城"，经过春雨滋润，鲜花才开满了锦官城。

迟日江山丽，春风花草香

释义

春天的太阳照耀得江山更美丽，春天的和风送来花草的清香。

出处

《绝句二首（其一）》

原文

迟日江山丽，春风花草香。泥融飞燕子，沙暖睡鸳鸯。

作者

杜甫。

解词

迟日：春日，就是春天的太阳。因为《诗经》中有"春日迟迟"的句子，所以后人将春天的太阳也称为"迟日"。

泥融：冻泥融化。鸳鸯：一种美丽的水鸟，雄鸟和雌鸟常常在一起。

浅说

此处诗句为节选，通过对春天景物的描绘，表现了安宁生活带给人的欢乐心情。第一句从大处着笔，描绘在初春阳光照耀下的江山春景。第二句以春风和花草来展现明媚的春光。第三句写动态景物，描绘飞来飞去衔泥的燕子。第四句写静态景物，描绘睡在沙滩上的鸳鸯。整个诗篇和谐统一，明丽清新，动静结合，相映成趣。燕子是在空中飞的，和"泥融"有什么关系呢？因为冻泥融化变得柔润松软之后，燕子才能够在泥地上飞来飞去衔泥做窝。诗人对春天的景物进行了细致的观察，所以才把"泥融"和"飞燕子"放在一个句子里，这样就更突出了春天的温暖和美好。"沙暖"和"睡鸳鸯"的描写同理。

长安城中百万家

释义

长安城里的百姓众多。

出处

《秋夜闻笛》

原文

天门街西闻捣帛，一夜愁杀湘南客。长安城中百万家，不知何人吹夜笛。

作者

岑参（715—770），南阳人，宰相岑文本曾孙，唐代边塞诗代表人物，与高适并称"高岑"。现存诗403首，擅长七言歌行。

解词

天门：指皇宫之门。捣帛：洗衣服时用木槌敲打。愁杀：使人特别忧愁。杀，表示程度深。湘南客：来自湖南南部一带的人。

长安城：唐代首都，今西安。百万：概数，形容特别多。吹夜笛：倒装句，就是夜吹笛，夜晚吹笛子。

浅说

这首诗写诗人在长安秋夜听到有人捣洗衣服和静夜吹笛的感受，表达了对颠沛流离的生活的感叹，抒发了思念家乡的深挚感情。"长安城中百万家"的繁华与温馨，把自己的孤独和寂寞陪衬得更加清冷、感伤。心理描写非常细腻。尤其是最后一句，作者用单纯简洁的笔法，巧妙地烘托出一片复杂动人的深情。现代人引用"长安城中百万家"，常常用来描述繁华和兴旺的城市生活。

长安城中百万家

绿水逶迤去，青山相向开

释义

碧绿的江水蜿蜒曲折、绵延不断地向东流去，两岸的青山随着船行相向闪开，让流水穿过去。

出处

《下江南向夔州》

原文

天明江雾歇，洲浦棹歌来。绿水逶迤去，青山相向开。城临蜀帝祀，云接楚王台。旧知巫山上，游子共徘徊。

作者

张说（667—730），字道济，一字说之，河南洛阳人，唐朝政治家、文学家。前后三次为相，执掌文坛三十年，被称为开元前期一代文宗，号称"燕许大手笔"。著有《张燕公集》。

解词

洲浦：洲边。棹歌：行船时所唱之歌。

逶迤：曲折行进的样子。相向：相对，面对面。

蜀帝：相传蜀帝杜宇死，其魂化为杜鹃。楚王台：台名，即阳台。在四川省巫山县，相传为楚襄王梦遇神女处。

旧知：犹故交，老友。巫山：山名。在四川、湖北两省边境。北与大巴山相连，形如"巫"字。长江穿流其中，形成三峡。游子：离家远游的人。徘徊：流连，留恋。

▌浅说

这首诗写了从水路离开江南向夔州去时的优美风景和人文积淀。"绿水逶迤去，青山相向开"这一联就像一幅美丽而有动感的图画，生动地再现了和谐美好的生态环境。

潮平两岸阔，风正一帆悬

❀ 释义

潮水涨平两岸，显得水面更加宽阔。顺风行船，正好把船帆高高挂起。

出处

《次北固山下》

原文

客路青山外，行舟绿水前。潮平两岸阔，风正一帆悬。海日生残夜，江春入旧年。乡书何处达？归雁洛阳边。

作者

王湾，生卒年不详。唐代洛阳（今属河南）人，开元元年（712年）进士。曾任荥阳主簿、洛阳尉等。他作品中的"海日生残夜，江春入旧年"，曾经被当时的宰相张说亲题于政事堂，让能文之士作为范例。《全唐诗》存诗10首。

解词

次：停宿。

客路：旅人前行之路。

潮平：潮水涨满，江水与两岸齐平。

残夜：夜将尽未尽之时。

归雁洛阳边：期盼北归的大雁捎家书到洛阳。

浅说

这首诗情景交融，在和谐优美的词句中抒发了淡淡的乡愁。"潮平两岸阔，风正一帆悬"这两句却恢宏壮丽，气象雄伟，常常被借用来表达豪迈昂扬的奋斗激情和风云壮志。

081

潮平两岸阔，风正一帆悬

大海从鱼跃，长空任鸟飞

释义

大海任凭鱼儿跳跃，天空任凭鸟儿飞翔。

出处

《题竹》

原文

大海从鱼跃，长空任鸟飞。欲知吾道廓，不与物情违。

作者

玄览，唐代湖北荆州陟山寺僧。唐大历（766—779）期间在世。诗作仅《题竹》流传至今，载于《万首唐人绝句》。

解词

从、任：任凭。

欲：想。吾道：我的观点、主张。廓：远大。物情：事物的规律。违：违逆。

浅说

这是一首写在竹子上的禅诗，表达了诗僧顺应自然、不违物情的禅思。

其中"大海从鱼跃，长空任鸟飞"被化用为"天高任鸟飞，海阔凭鱼跃"，
流传颇广。

谁言寸草心，报得三春晖

释义

谁说小草那点儿感激之情，能报答得了阳光的恩惠呢?

出处

《游子吟》

原文

慈母手中线，游子身上衣。临行密密缝，意恐迟迟归。谁言寸草心，报得三春晖。

作者

孟郊（751—814），字东野，唐代湖州武康（今浙江德清）人。他的诗注重炼字炼句，苦心琢磨，属于苦吟诗派，和贾岛齐名，有"郊寒岛瘦"之称。

解词

游子：离家远行的人。吟：轻轻地哼唱。

慈母：母亲。慈，和善。

临行：临走的时候。意恐：担心，心里估计。

寸草：小草。这里比喻儿女。三春：指春季的三个月。古代人把正月、二月、三月分别称为孟春、仲春、季春，合称三春。晖：阳光。这里比喻母爱。

浅说

诗的意思是说慈母手中的线长又长，游子身上的衣衫暖又暖。离家的时候缝得密又密，回家的日子可别晚又晚。谁敢说小草的小小心愿，能报答春阳的光辉灿烂？这首诗描写的是诗人与母亲分别的时候，母亲为他缝补衣服的生动情景，表现了诗人对母爱的感谢和赞颂。全诗感情真挚，通俗易懂，生动贴切，引人深思。诗作的前四句诗写慈母，后两句写诗人自己的心情。他把自己比作阳光照耀下的小草，把母爱比作温暖的阳光，贴切具体地抒发了自己对母亲的深情。

谁言寸草心，报得三春晖

大贤秉高鉴，公烛无私光

释义

贤明的人经常省察自己，监督自己；公平的蜡烛，照亮万物，不会偏私。

出处

《上达奚舍人》

原文

北山少日月，草木苦风霜。贫士在重坎，食梅有酸肠。万俗皆走圆，一身犹学方。常恐众毁至，春叶成秋黄。大贤秉高鉴，公烛无私光。暗室晓未及，幽行涕空行。

作者

孟郊。

解词

上达：谓下情让上层了解。奚舍人：姓奚的舍人，具体人名不详。舍人是唐代官名，有起居舍人和通事舍人。起居舍人掌修记言之史，通事舍人掌朝见引纳。

北山：山的北面。少日月：因为太阳和月亮照不到山的北面，所以说

北山少日月。

重坎：喻指艰难险阻的境地。《易经》中有"习坎，重险也"的说法。高亨教授解释说："习，重也；坎，险也。"卦象为二坎相重，所以称"重坎"。

走圆：趋尚圆滑，圆通。学方：效法刚正，耿直。

众毁：众多的毁谤。

大贤：才德超群的人。高鉴：敬辞，称他人对事物的明察。高，高举。鉴，镜子。

公烛：公平的烛光。蜡烛发光不是为自己照亮，而是为了公平照耀，比喻洞察事物，公正无私。暗室：黑暗无光的房间。晓：这里指天上的亮光，比喻朝廷的关怀。未及：不曾涉及，就是照不过来的意思。幽行：在黑暗的幽径步行。涕空行：白白流泪。涕，动词，流。行，泪行。

▌ 浅说

《上达奚舍人》是作者剖白心迹、感叹仕途的作品。诗中抨击了趋尚圆滑的时风，表达了效法刚正廉洁的追求，呼唤正直的心声能够得到理解和尊重。这首诗中的"大贤秉高鉴，公烛无私光"意思是说贤明的人经常省察自己，监督自己，不会为自己谋取任何私人利益。现代人引用"大贤秉高鉴，公烛无私光"，常用来称赞心底无私、心怀天下的高尚人格。

大贤秉高鉴，公烛无私光

日月不同光，昼夜各有宜

释义

太阳和月亮的光芒是不一样的，放在白天和黑夜各自适宜。

出处

《答姚怤见寄》

原文

日月不同光，昼夜各有宜。贤哲不苟合，出处亦待时。而我独迷见，意求异士知。如将舞鹤管，误向惊凫吹。大雅难具陈，正声易漂沦。君有丈夫泪，泣人不泣身。行吟楚山玉，义泪沾衣巾。

作者

孟郊。

解词

姚怤：唐代人，与孟郊、张籍有诗词唱和。见寄：寄我。见，我。

贤哲：贤明睿智的人。苟合：随便。出处：谓出仕和隐退。待时：等待时机。

迷见：见解糊涂。异士：杰出人士。

舞鹤：用仙人王子乔骑鹤飞升的典故。管：乐器，指笙。传王子乔喜

吹笙作凤鸣。惊凫：受惊的野鸭。

　　大雅：即正声。具陈：详细陈说。正声：符合音律的声音。漂沦：衰败，飘零。

　　丈夫：指有所作为的人。

　　行吟：且走且唱。楚山：山名，即荆山。在湖北省西部，武当山东南，汉江西岸。有抱玉岩，相传春秋楚人卞和得璞玉于此。这里暗喻姚怤怀才不遇。

▌浅说

　　姚怤是一位到老仍居下位、得不到朝廷重视的贤才。孟郊的这首《赠姚怤见寄》，是他回赠给朋友姚怤的一首诗，他对姚怤的境遇表达了深深的同情，对其高洁的品行和杰出的才华表示欣赏，对贤才得不到重用进行了控诉和反讽。现代人引用"日月不同光，昼夜各有宜"，来说明因为有了差别，世界才多姿多彩；因为有了分歧，才需要聚同化异的道理。

日月不同光，昼夜各有宜

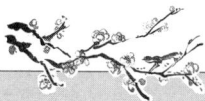

龙文百斛鼎，笔力可独扛

释义

笔力可以扛得起刻着龙文的大鼎，称赞人的文章写得有力量，有气势。

出处

《病中赠张十八》

原文

中虚得暴下，避冷卧北窗。不蹋晓鼓朝，安眠听逢逢。籍也处闾里，抱能未施邦。文章自娱戏，金石日击撞。龙文百斛鼎，笔力可独扛。

作者

韩愈（768—824），字退之，唐代河内河阳（今河南孟州市）人。祖籍昌黎（在今河北），所以又被称为韩昌黎。曾任监察御史、吏部侍郎等。有《昌黎先生集》。

解词

张十八：即唐代诗人张籍。

中虚：中气虚弱。暴下：急性腹泻。

晓鼓：报晓的鼓声。逢逢：象声词。常形容鼓声。

间里：里巷，平民聚居之处。能：才能。

自娱戏：自寻乐趣，自以为乐。金石：比喻悦耳的好词好句。击撞：叩打。亦喻声韵铿锵。

龙文百斛鼎：有着龙形花纹的大鼎。斛为量具名，百斛为概数，极言其多。笔力：写作能力。

■ 浅说

这是韩愈患泻肚病时赠给青年诗人张籍的一首诗。意奇语雄，重点是书写自己与张籍的谈辩。其中对张籍的才华进行了热情肯定，对他暂时未受到重用表示安慰，并连续用各种典故和比喻，劝他收敛意气和狂性，潜心踏实做学问。

龙文百斛鼎，笔力可独扛

锄禾日当午，汗滴禾下土

释义

正当中午在烈日下锄草时，汗水滴洒在禾下泥土中。

出处

《悯农二首》

原文

春种一粒粟，秋收万颗子。四海无闲田，农夫犹饿死。

锄禾日当午，汗滴禾下土。谁知盘中餐，粒粒皆辛苦！

作者

李绅（772—846），字公垂，唐代无锡（一说亳州谯县）人。6 岁失去了父亲，靠母亲抚育成人。27 岁考中进士，补国子助教。他是唐朝新乐府运动的参与者，和白居易等诗人交往较多。他的《悯农二首》是千古传诵的名篇。

解词

悯农：就是对农民的辛苦贫穷表示同情。悯，怜悯、同情。

粟：小米，这里泛指一般谷物。子：指谷粒。

四海：这里指全国的土地。古人以为中国四周都是海，所以用"四海"

或"四海之内"来表示全国的土地。无闲田：没有荒废的田地。农夫：农民，种田的人。犹：还。

锄禾：为禾苗锄草。

餐：饭。

浅说

　　这两首诗选择了比较典型的生活细节，用虚实结合、相互对比、前后映衬的手法，描写了农民的贫苦生活，表达了作者心中的同情和关切，控诉了不合理的社会现实。第一首诗前两句写出农民劳动一年的贡献，接着一句沉痛的"农夫犹饿死"，把问题更突出地表现出来，使读者禁不住要问：这是为什么？第二首诗通过描写农民在烈日下挥汗锄草的场面，表达了粮食的来之不易。接下来"谁知盘中餐，粒粒皆辛苦"的反问，更有力地说明了每一个人都要珍惜粮食的道理。"春种一粒粟，秋收万颗子"与后两句"四海无闲田，农夫犹饿死"构成对比的关系。"秋收万颗子"的大丰收景象更突出了"农夫犹饿死"的残酷现实，给读者留下了深刻的印象。

锄禾日当午，汗滴禾下土

乱花渐欲迷人眼

释义

繁茂绚丽色彩缤纷的花朵使人眼花缭乱。

出处

《钱塘湖春行》

原文

孤山寺北贾亭西，水面初平云脚低。几处早莺争暖树，谁家新燕啄春泥。乱花渐欲迷人眼，浅草才能没马蹄。最爱湖东行不足，绿杨阴里白沙堤。

作者

白居易（772—846），字乐天，号香山居士，又号醉吟先生，唐代人，祖籍太原，其曾祖父时迁居下邽，生于河南新郑。他主张"文章合为时而著"，"歌诗合为事而作"。与元稹共同倡导新乐府运动，世称"元白"。曾任翰林学士、左赞善大夫等。有《白氏长庆集》传世。

解词

孤山寺：孤山上的一个寺庙。南北朝时期陈文帝初年建，名永福寺，宋时改为广化寺。孤山在西湖的里外湖之间，因与其他山不相接连，所以

称孤山。贾亭：又叫贾公亭。唐朝贾全出任杭州刺史，于钱塘湖建亭，人称"贾亭"或"贾公亭"。水面初平：湖水才同堤平，即春水初涨。云脚低：白云与水面相连的景象。

早莺：早晨的黄莺。争暖树：争着飞到向阳的树枝上去。新燕：刚从南方飞来的燕子。啄春泥：燕子衔泥筑巢。

乱花：繁茂绚丽色彩缤纷的花朵。迷人眼：使人眼花缭乱。浅草：浅绿色的草。没：遮没，遮住。

不足：不够。足，满足。阴：树荫。白沙堤：在西湖东畔的一条白色沙堤。

▌ 浅说

这首诗从游览的视角徐徐写来，从容的笔触，悠闲的心境，美好的感受，一一跃然纸上。作者的妙笔就像摄影镜头，一个画面一个画面连续展示，最后用惊喜的心情歌咏湖东绿杨沙堤的迷人之美。现代人引用"乱花渐欲迷人眼"，有时也用来比喻诱惑和干扰。

乱花渐欲迷人眼

劝君莫打枝头鸟，子在巢中望母归

释义

奉劝人们不要追打枝头上的鸟，它们的孩子还在巢里盼着妈妈带着食物归来。

出处

《鸟》

原文

谁道群生性命微，一般骨肉一般皮。劝君莫打枝头鸟，子在巢中望母归。

作者

白居易。

解词

群生：一切生物。性命：生命。一般：一样。骨肉：身体。

浅说

这首诗呼唤人们保护野生动物，表达了先进的生态文明理念。

愿同尧舜意，所乐在人和

释义

但愿与圣君尧舜一样，享受人与人之间和谐包容的快乐。

出处

《太平乐二首》

原文

岁丰仍节俭，时泰更销兵。圣念长如此，何忧不太平？

湛露浮尧酒，熏风起舜歌。愿同尧舜意，所乐在人和。

作者

白居易。

解词

岁丰：丰收年景。时泰：太平时期。销兵：防范战争。销，有防范的意思。

圣念：君主的心。

湛露：浓重的露水。这里指《诗经》的《湛露》篇，王宴时演唱，用来比喻君主之恩泽。熏风：和风，指初夏时的东南风。相传舜唱《南风歌》，有"南风之熏兮"句。

尧舜意：尧舜圣明的原因。人和：民心和乐。

■ 浅说

　　第一首诗表达居安思危之意，第二首写人和为上。辞章短小，意蕴深厚。"愿同尧舜意，所乐在人和"，充分体现了"人和"之德、"人和"之贵、"人和"之乐。

功成理定何神速，速在推心置人腹

✤ 释义

　　为什么能神速地平定乱世、建立功业？原因就是能够换位思考，体察民情，做到了将己心比人心。

✤ 出处

　　《七德舞》

🎋 原文

七德舞，七德歌，传自武德至元和。元和小臣白居易，观舞听歌知乐意，乐终稽首陈其事。太宗十八举义兵，白旄黄钺定两京。擒充戮窦四海清，二十有四功业成。二十有九即帝位，三十有五致太平。功成理定何神速，速在推心置人腹。

▌作者

白居易。

▌解词

七德舞：原诗名为《七德舞一美拨乱，陈王业也》。唐太宗亲制《破阵乐舞图》，后令魏徵、虞世南等改制歌词，正式更名为《七德舞》。七德：出自《左传·宣公十二年》，即：禁暴、戢兵、保大、定功、安民、和众、丰财七件事情。

白旄黄钺：旄用牦牛尾做成，系于旗杆之首。钺用青铜或铁制成，形状像较大的板斧。

擒充戮窦：指击败王世充和窦建德。

▌浅说

原诗是一首颂歌，此为节选。诗人用饱满的激情赞美了唐太宗拨乱反正、艰苦创业的历史过程，提醒后来的君王与朝廷大臣不要忘记前人的艰辛和仁德服人的精神。"功成理定何神速，速在推心置人腹"是《七德歌》中最有名的两句诗，常用来鼓励党员干部与群众结友交心，赤诚相见，坚持从群众中来、到群众中去。

功成理定何神速，速在推心置人腹

春宵苦短日高起，从此君王不早朝。
渔阳鼙鼓动地来，惊破霓裳羽衣曲

释义

美好的春宵苦于太短，好像刚睡下太阳就已经高高升起了，从此君王也就不再早起上朝了。安禄山在渔阳燃起战火，惊破了让帝王沉醉的霓裳羽衣曲。

出处

《长恨歌》

原文

汉皇重色思倾国，御宇多年求不得。杨家有女初长成，养在深闺人未识。天生丽质难自弃，一朝选在君王侧。回眸一笑百媚生，六宫粉黛无颜色。春寒赐浴华清池，温泉水滑洗凝脂。侍儿扶起娇无力，始是新承恩泽时。云鬓花颜金步摇，芙蓉帐暖度春宵。春宵苦短日高起，从此君王不早朝。承欢侍宴无闲暇，春从春游夜专夜。后宫佳丽三千人，三千宠爱在一身。金屋妆成娇侍夜，玉楼宴罢醉和春。姊妹弟兄皆列土，可怜光彩生门户。遂令天下父母心，不重生男重生女。骊宫高处入青云，仙乐风飘处处闻。缓歌慢舞凝丝竹，尽日君王看不足。渔阳鼙鼓动地来，惊破霓裳羽衣曲。

作者

白居易。

解词

汉皇：此处借指唐玄宗李隆基。唐人作品常常以汉称唐。重色：爱好女色。倾国：美女。御宇：管理江山。

六宫粉黛：六宫中的所有女性。无颜色：都失去了光彩。

华清池：即华清池温泉，在今西安临潼骊山。凝脂：形容肤色白嫩圆润。

新承恩泽：刚得到皇帝的宠幸。

云鬓：鬓发柔美如云。金步摇：一种插于发鬓的金首饰。芙蓉帐：绣着芙蓉花的帐幔。

佳丽三千：言后宫女子之多，三千是概数。

列土：分封土地。可怜：可爱。

骊宫：骊山华清宫。在今西安临潼。

凝丝竹：奏出舒缓的旋律。

渔阳：郡名，辖今北京市平谷区和天津市的蓟州区等地。鼙鼓：古代骑兵用的一种鼓，这里借指战争。霓裳羽衣曲：舞曲名。

浅说

这是著名的长篇叙事诗《长恨歌》的节选，描述的是唐玄宗和杨贵妃的爱情悲剧，再现了安史之乱带来的社会动荡，委婉讽刺了唐玄宗的荒政乱国。用《长恨歌》中"春宵苦短日高起，从此君王不早朝"来比喻腐败懒政，用"渔阳鼙鼓动地来，惊破霓裳羽衣曲"来形容天下大乱，终于打破歌舞升平。

万户千门成野草，只缘一曲后庭花

释义

过去繁华的千家万户如今都长满了荒凉的野草，都只因为当年的一曲《玉树后庭花》。

出处

《台城》

原文

台城六代竞豪华，结绮临春事最奢。万户千门成野草，只缘一曲后庭花。

▌作者

刘禹锡（772—842），字梦得，唐代河南洛阳人，自称"家本荥上，籍占洛阳"，又自言系出中山。其先祖为中山靖王刘胜。贞元九年（793

年）进士及第，历任监察御史、朗州司马、连州刺史、夔州刺史、和州刺史、苏州刺史、太子宾客等，诗文俱佳，有"诗豪"之称。存世有《刘宾客集》。

■ 解词

台城：六朝时期的皇城，故址在今江苏省南京市鸡鸣山北。六代：指建都在南京的吴、东晋、宋、齐、梁、陈这六个相继的朝代。结绮、临春：陈后主（即陈叔宝）建造的楼阁名。据说"阁高数丈，并数十间，其窗牖、壁带、悬楣、栏槛之类，并以沉檀香木为之，又饰以金玉，间以珠翠，外施珠帘，内有宝床、宝帐，其服玩之属，瑰丽珍奇，近古所未有"。奢：豪奢。

后庭花：指陈后主所作的《玉树后庭花》。

■ 浅说

这是一首怀古诗。诗的意思是说六朝皇城一代比一代富丽，其中以陈后主修建的结绮阁和临春阁最为豪奢。结果所有的楼阁现在都荒废了，野草茂盛，只因为陈后主那一曲《玉树后庭花》。诗人用浅显质朴的词句，纵论了南朝六代的兴衰，辛辣地讽刺了南朝皇帝们穷奢极欲、纸醉金迷的生活，说明腐败就会亡国。

万户千门成野草，只缘一曲后庭花

千淘万漉虽辛苦，吹尽狂沙始到金

释义

淘金要经历千万遍的淘滤虽然辛苦，但是把泥沙淘尽之后才能得到黄金。

出处

《浪淘沙》

原文

莫道谗言如浪深，莫言迁客似沙沉。千淘万漉虽辛苦，吹尽狂沙始到金。

作者

刘禹锡。

解词

浪淘沙：唐代教坊曲名，创自刘禹锡。后也用为词牌名。

迁客：指遭贬外放的官员。

淘、漉：淘金过程中的工序名，淘洗和过滤。

■ **浅说**

　　这首诗是作者组诗九首中的第八首。诗人借描写淘金劳动，歌唱了黄金一样宝贵的清白正直的人品，表达了对谗言和小人的蔑视，抒发了遭受不公正待遇后的品德自信和情操坚守。后两句也常被引用来说明历经辛苦方得成功的道理。

芳林新叶催陈叶，流水前波让后波

🌿 **释义**

树林里的新叶在落叶后萌生，流水一波赶着一波，前浪让给后浪。

🌿 **出处**

《乐天见示伤微之、敦诗、晦叔三君子，皆有深分，因成是诗以寄》

🌿 原文

吟君叹逝双绝句，使我伤怀奏短歌。世上空惊故人少，集中惟觉祭文多。芳林新叶催陈叶，流水前波让后波。万古到今同此恨，闻琴泪尽欲如何？

作者

刘禹锡。

解词

乐天：白居易。伤：伤悼。微之、敦诗、晦叔：元稹（字微之）、崔群（字敦诗）、崔玄亮（字晦叔）。深分：很深的交谊。

伤怀：伤心。

故人：老友。集中：自己的作品集里。祭文：悼念亡友的诗文。

芳林：春日之树木。

万古：万代，万世。形容经历的年代久远。如何：奈何。

浅说

诗人白居易写了两首绝句悼念好友元稹（字微之）、崔群（字敦诗）、崔玄亮（字晦叔），并寄给了好友刘禹锡，刘禹锡随后写了这首诗回寄给白居易。第一联描写收到白居易诗后的共同伤悼，第二联写自己的切身感受，表达孤独悲痛心情。第三联用芳林和流水来作比喻，揭示新陈代谢的自然规律，展现了豁达的人生态度，充满哲学智慧。第四联回应第一联，表达对友人的沉痛怀念。"芳林新叶催陈叶，流水前波让后波"揭示了新老交替的自然规律。

芳林新叶催陈叶，流水前波让后波

山明水净夜来霜，数树深红出浅黄

释义

秋天的山水明净清秀，夜晚已经开始有霜；树叶转为浅黄色，其中还夹杂着几树深红色的叶子。

出处

《秋词二首》

原文

自古逢秋悲寂寥，我言秋日胜春朝。晴空一鹤排云上，便引诗情到碧霄。

山明水净夜来霜，数树深红出浅黄。试上高楼清入骨，岂如春色嗾人狂。

作者

刘禹锡。

解词

悲：悲叹。寂寥：寂寞冷清。春朝：春天。

排云：推开云彩。碧霄：青天。

入骨：形容达到极点。嗾：教，使。

■ 浅说

　　这两首诗是作者被贬朗州（今湖南常德）时所写。虽遭挫折，但作者豪情依旧。诗中对秋天的壮丽情景进行了热烈的赞美，抒发了乐观向上、昂扬进取的奋斗情怀。

莫道桑榆晚，为霞尚满天

释义

不要说夕阳就是晚景了，它的霞光余晖还可以照得满天灿烂呢！

出处

《酬乐天咏老见示》

原文

　　人谁不顾老，老去有谁怜？身瘦带频减，发稀冠自偏。废书缘惜眼，多灸为随年。经事还谙事，阅人如阅川。细思皆幸矣，下此便翛然。莫道桑榆晚，为霞尚满天。

■ 作者

刘禹锡。

■ 解词

酬乐天：作诗酬答白居易。

顾：考虑。

频减：缩紧。

灸：艾灸，一种中医疗法。随：适应。

谙：看透。

下此：放下这些。翛然：逍遥轻松的样子。

桑榆：日落时光照桑榆树端，因以指日暮。《太平御览》卷三引《淮南子》："日西垂，景在树端，谓之桑榆。"为：成。

■ 浅说

这首诗是回赠白居易的。白居易的原诗题目为《咏老赠梦得》，诗是这样写的："与君俱老也，自问老何如。眼涩夜先卧，头慵朝未梳。有时扶杖出，尽日闭门居。懒照新磨镜，休看小字书。情于故人重，迹共少年疏。唯是闲谈兴，相逢尚有余。"白诗素描老态，颇有悲凉。刘禹锡这首回赠诗，则充满豁达坦荡的乐观精神。诗中劝告老友人谁能不顾虑老，老了生理机能下降，对白居易的叹息表达认同和呼应，随后则笔锋一转，表达了对老友的关切和劝慰，表达出昂扬进取的人生激情。

莫道桑榆晚，为霞尚满天

飞入寻常百姓家

释义

如今飞到普通平常的百姓家中。

出处

《乌衣巷》

原文

朱雀桥边野草花，乌衣巷口夕阳斜。旧时王谢堂前燕，飞入寻常百姓家。

作者

刘禹锡。

解词

乌衣巷：在今南京市东南，秦淮河南岸。三国时，吴国曾在这里驻军，兵士都穿黑衣，所以后来地名就叫乌衣巷。东晋时的王导、谢安等大官就居住在这里。

朱雀桥：秦淮河上一座桥的名字，在乌衣巷附近。野草花：指野花开放了。花，在这里作"开花"讲，动词。夕阳斜：指傍晚斜照的太阳。夕阳，傍晚的太阳。

旧时：从前，过去。王谢：指东晋时代王导和谢安两大贵族之家。当年的这些贵族到唐代都早已衰落了。寻常：平常、普通。

▌浅说

　　诗人通过野草、斜阳和燕子的景物描写，表现了乌衣巷的时代变化，反映了王谢等豪门贵族的没落，隐含着深沉的感慨和辛辣的嘲讽。这首诗全篇写景，没有直接议论，却巧妙地表现了深刻的哲理。语言含蓄，耐人寻味。这首诗突出的特点是运用了古今对比的艺术手法。"朱雀桥""乌衣巷"都是繁华热闹的地方。"野草花"和"夕阳斜"则表示这些地方已经荒凉衰落了。作者集中描写了乌衣巷现在荒凉的情况。对它过去的繁华，仅仅通过巧妙的暗示来对比。比如，"草花"前面加上一个"野"字，"夕阳"后面加上一个"斜"字，都是为了突出荒凉寂寞的氛围。"旧时"两个字，使燕子成为时代变化的历史见证。"寻常"两个字，又进一步强调了这种变化的巨大和剧烈。

飞入寻常百姓家

天地英雄气，千秋尚凛然

🎋 释义

英雄气概充满天地，千秋万代之后仍然令人肃然起敬。

🎋 出处

《蜀先主庙》

🎋 原文

天地英雄气，千秋尚凛然。势分三足鼎，业复五铢钱。得相能开国，生儿不象贤。凄凉蜀故妓，来舞魏宫前。

作者

刘禹锡。

解词

蜀先主庙：在夔州（治所在今四川奉节东）。蜀先主指刘备。

凛然：令人敬畏的样子。

三足鼎：三只脚的鼎，这里比喻魏蜀吴三国并立。业：功业。复：恢复。五铢钱：钱币名。汉武帝元狩五年始铸，重五铢，上篆"五铢"二字。这里比喻保住的汉室政权。

相：指诸葛亮。儿：指后主刘禅。象：动词，效法。

111

故：原来的。

■ 浅说

　　诗人凭吊蜀先主庙之后写的这首诗，回述刘备的功业，称道诸葛亮的才干，感叹刘备之子的昏聩，最后用蜀故妓却在魏宫献舞这样一个历史细节，巧妙地抒发了对蜀汉兴衰的复杂感情。"天地英雄气，千秋尚凛然"的诗句铿锵有力，震撼人心。

两句三年得，一吟双泪流

❧ 释义

经过三年的苦吟才得来的这两句诗，让我每次吟诵都泪流不止。

❧ 出处

《题诗后》

🎋 原文

两句三年得，一吟双泪流。知音如不赏，归卧故山秋。

作者

贾岛（779—843），唐代河北道幽州范阳县（今河北省涿州）人。字阆仙，自号"碣石山人"。人称诗奴，与孟郊共称"郊寒岛瘦"，唐代苦吟派诗人。曾做过长江（今四川大英县）主簿、普州司仓参军等，著有《长江集》。

解词

得：得到。

赏：欣赏。归卧：辞官还乡。故山：旧山，喻家乡。

浅说

这首五言绝句是贾岛吟成"独行潭底影，数息树边身"两句后加的注诗。意思是希望读者了解自己这两句诗的创作辛苦。如果这样写成的佳句得不到知音欣赏，自己就只好归隐家乡，放弃写诗了。人们常引用"两句三年得，一吟双泪流"来表达创作过程的艰辛和努力。

两句三年得，一吟双泪流

浩渺行无极，扬帆但信风

释义

行驶在浩瀚广阔、无边无垠的大海上，扬起帆来，一往无前，乘风破浪。

出处

《送朴山人归新罗》

原文

浩渺行无极，扬帆但信风。云山过海半，乡树入舟中。波定遥天出，沙平远岸穷。离心寄何处，目击曙霞东。

作者

尚颜，生卒年不详，唐代僧人，俗姓薛，字茂圣，汾州人。约唐僖宗中和年间初期前后在世。出家荆门。工五言诗。与齐己、栖蟾、虚中等诗人同时且有酬唱，现存诗三十四首。

解词

朴山人：作者的隐士朋友，生平不详，新罗国人。新罗为朝鲜的古称。

浩渺：苍茫辽阔。极：尽头。信：任凭。

海半：海中间。乡树：家乡的树木。入：想起，想象中仿佛进入。

离心：离别时的心情。

▋ 浅说

　　这首诗是唐代国际交流题材的作品，表达了作者对新罗友人的真挚情谊和美好祝愿。诗中按朴山人在海上的日程，一步步描写他此去在海上经历的各种情景，希望他扬帆远去，顺风顺水，朝霞灿烂，满满的都是思念和祝福。

黑云压城城欲摧

释义

滚滚而来的乌云逼近城墙，城墙仿佛快要被摧毁了。

出处

《雁门太守行》

原文

黑云压城城欲摧，甲光向日金鳞开。角声满天秋色里，塞上燕脂凝夜紫。半卷红旗临易水，霜重鼓寒声不起。报君黄金台上意，提携玉龙为君死。

作者

李贺（790—816），字长吉，唐室宗族后裔，生于福昌县昌谷（今河南洛阳宜阳县）。因其父名与"进士"的"进"字同音，为避父讳不能参加科举。仅做过三年从九品奉礼郎，抑郁终生，27岁逝世。李贺诗歌想象奇特，有"诗鬼"之称。

解词

雁门太守行：古乐府曲调名。

黑云：浓重的乌云。这里烘托敌军的攻势。摧：毁坏。甲光向日：铠甲迎着太阳闪耀光芒。金鳞：如金色鱼鳞。开：闪耀。

角：号角。塞上燕脂：塞上的紫色泥土有如胭脂。长城附近多是紫色泥土，所以有"紫塞"之称。凝夜紫：凝结的鲜血在黄昏变成紫色。

临：抵达。易水：源出今河北省易县，向东南流入大清河。鼓寒：鼓声沉闷。声不起：鼓声不再高亢。

黄金台：相传战国燕昭王为招聘人才所筑，曾置千金于台上。提携：带着。玉龙：宝剑名，这里代指剑。君：君王。

浅说

这首诗直接描写会战场面，悲壮惨烈，带着浓厚的感情表达了对将士们英雄气概的热烈礼赞。全诗色彩绚烂，意象奇诡，有着鲜明的个人语言特色。"黑云压城城欲摧"常用来比喻险峻的形势和严峻的考验。

东方风来满眼春

释义

东风吹来，满目都是美好的春光。

出处

《河南府试十二月乐词·三月》

原文

东方风来满眼春，花城柳暗愁杀人。复宫深殿竹风起，新翠舞衿净如水。光风转蕙百余里，暖雾驱云扑天地。军装宫妓扫蛾浅，摇摇锦旗夹城暖。曲水漂香去不归，梨花落尽成秋苑。

作者

李贺。

解词

柳暗：谓柳树叶茂荫浓。愁杀：亦作"愁煞"，使人极为忧愁的意思。杀，表示程度深。

复宫：重重宫殿。竹风：竹间之风。新翠：新绿。舞衿：舞衣。

光风转蕙：雨止日出，风吹蕙兰，灿灿生光。暖雾：春暖时的雾气。

扫蛾：画眉。夹城：两边筑有高墙的通道。

117

曲水：引水环曲成渠。一般用于将盛酒的器皿放于水中随水漂流，大家取饮，相与为乐，称为曲水流觞。秋苑：秋天的园林。

▌浅说

这是作者参加河南府试期间创作的十二首组诗中的一首，描写的是三月的美丽风景和美好感情。

睫在眼前犹不见

释义
睫毛在眼前，眼睛却看不见。

出处
《登池州九峰楼寄张祜》

🌸 原文

百感中来不自由，角声孤起夕阳楼。碧山终日思无尽，芳草何年恨即休？睫在眼前犹不见，道非身外更何求。谁人得似张公子，千首诗轻万户侯。

■ 作者

杜牧（803—约852），字牧之，号樊川居士，唐代京兆万年（今陕西西安）人。唐文宗大和二年（828年）26岁中进士，授弘文馆校书郎。后赴江西观察使幕，转淮南节度使幕，又入观察使幕，理人国史馆修撰，膳部、比部、司勋员外郎，黄州、池州、睦州刺史等职。因晚年居长安南樊川别墅，故后世称"杜樊川"，著有《樊川文集》。他的诗注重文意词采，追求高绝绮丽，跟李商隐齐名，被合称为"小李杜"。

■ 解词

九峰楼：在今安徽池州贵池区。张祜：唐朝诗人。曾与杜牧一起遍游池州名胜，以文会友，交谊甚洽。

中：指内心。自由：由自己做主。

即：始。

道：真才实学。

得似：能像。张公子：指张祜。万户侯：用以泛指高爵显位。

■ 浅说

此诗作于公元844年至846年杜牧池州刺史任上，其实是批评诗人白居易的。长庆年间，白居易为杭州刺史，张祜和徐凝同应贡举而未能分出谁当首荐。白居易遂出试题《长剑倚天外赋》《余霞散成绮诗》，命二人决赛。结果列徐第一，张第二。张以为耻，遂"行歌而返"。杜牧事后得知，也很不满。这首诗中表达了对张祜的思念和安慰、对不公道世象的抨击，同时批评白居易不能识才，发现不了近在眼前的人才。其中"睫在眼前犹不见"语浅意深，是这首诗中的名句。

商女不知亡国恨，隔江犹唱后庭花

🌿 **释义**

卖唱的歌女不懂得亡国的忧恨，隔着江水还在吟唱那首《玉树后庭花》。

《泊秦淮》

※ **原文**

烟笼寒水月笼沙，夜泊秦淮近酒家。商女不知亡国恨，隔江犹唱后庭花。

▌ **作者**

杜牧。

▌ **解词**

秦淮：即秦淮河，经南京流入长江。

烟：轻烟，这里指轻烟一样的岚气。笼：笼罩。泊：停泊。

商女：卖唱的歌女。后庭花：歌曲《玉树后庭花》的简称，传为南朝陈后主所作，被称为"亡国之音"。

▌ **浅说**

这是一首辛辣的讽刺诗。诗人夜泊秦淮河，第一眼看到的景色是轻烟一样的岚气笼罩着河水，皎洁的明月映照着岸边的白沙。这时忽然旁边的酒家传来卖唱女献歌《玉树后庭花》的声音，触景感怀，想起了陈后主亡国的故事，所以写了这首诗，借以讽刺那些贪图享乐、不知国家危难的晚唐上层人物。此诗妙在景色、情思、哲理有机融合，举重若轻，不动声色。

商女不知亡国恨，隔江犹唱后庭花

不问苍生问鬼神

🎋 释义

不关心百姓疾苦，却关心虚幻的鬼神之事。

🎋 出处

《贾生》

🎋 原文

宣室求贤访逐臣，贾生才调更无伦。可怜夜半虚前席，不问苍生问鬼神。

▍作者

李商隐（约813—约858），字义山，号玉溪生，又号樊南生，原籍怀州河内（今河南沁阳），后他的祖辈迁居荥阳（今属河南）。他是晚唐时期的杰出诗人，与杜牧齐名，被合称为"小李杜"。他的诗意境深远，富于文采，有着一种特殊的朦胧美。

▍解词

贾生：指贾谊，洛阳（今河南洛阳东）人，西汉初年著名政论家、文学家。曾被谪为长沙王太傅，故后世亦称贾长沙、贾太傅。

逐臣：被贬谪的臣子。才调：才华声望。无伦：无比。

夜半虚前席：贾谊贬谪长沙三年后，汉文帝召他回朝，在未央宫祭神的宣室向他询问鬼神的事情，一直谈到深夜。汉文帝听得入神，不知不觉地移到座席的前端。苍生：百姓。

■ 浅说

这首诗赞美贾谊的才能，对他怀才不遇寄予同情，并对汉文帝不重视人才和百姓生活的做法进行了讽刺。

春蚕到死丝方尽，蜡炬成灰泪始干

🌿 释义

春蚕的蚕丝绵绵不断，到死的时候才吐完。蜡烛的烛泪点点滚落，到燃成灰烬的时候才流完。

🌿 出处

《无题》

原文

相见时难别亦难，东风无力百花残。春蚕到死丝方尽，蜡炬成灰泪始干。晓镜但愁云鬓改，夜吟应觉月光寒。蓬山此去无多路，青鸟殷勤为探看。

作者

李商隐。

解词

东风：春风。残：凋谢。

丝方尽：相思才停止。丝，与"思"谐音，所以"丝"暗指思念。蜡炬：蜡烛。泪始干：泪指烛泪，比喻思念的泪。

晓镜：晨妆照镜。镜，动词，照镜子。

蓬山：传说中的海上仙山。青鸟：神话中传递音讯的信使。探看：探望。

浅说

这首诗是一首爱情诗，描写思念之苦，非常感人。诗的意思是说在落花飘飘、春风变冷的时节和友人分别。因为难得相见一次，所以分别的时候更加难分难舍。双方的情谊像春蚕吐丝、像蜡烛淌泪，一生都不会断绝。离别之后，你早晨梳妆的时候会发现头发因思念而慢慢变白，我晚上孤独吟诗的时候一定会感觉连月光也是寒冷的了。虽然你这次离别是去海上仙山，也没有多远，却无路可通，可望而不可即。希望会有殷勤的青鸟为我们互相探望。因为颔联"春蚕到死丝方尽，蜡炬成灰泪始干"极其精彩，现在人们引用时则脱离了原意，多用来比喻为理想而不懈追求和奉献的意思。

春蚕到死丝方尽，蜡炬成灰泪始干

124

历览前贤国与家，成由勤俭败由奢

释义

古往今来，国也好，家也好，都是因为勤俭而兴旺，因为奢侈而败落。

出处

《咏史》

原文

历览前贤国与家，成由勤俭败由奢。何须琥珀方为枕，岂得真珠始是车？运去不逢青海马，力穷难拔蜀山蛇。几人曾预南熏曲，终古苍梧哭翠华。

作者

李商隐。

解词

历览：遍览，逐一地看。

何须：犹何必，何用。琥珀：指琥珀枕。琥珀为古代松柏树脂的化石。色淡黄、褐或红褐。质优的用作装饰品，可制枕，能安神。李白有诗"且留琥珀枕，或有梦来时"。南朝刘宋君主刘裕收到宁州送来的琥珀枕后，知

道琥珀疗伤有奇效，就下令捣碎给伤病将士做药材。岂得：犹怎能，怎可。真珠：指真珠车。战国时魏惠王向齐威王夸耀他有"径寸之珠，照车前后各十二乘者十枚"，齐威王说自己当作宝物的是贤臣，"将以照千里，岂特十二乘哉"。

青海马：即青海骢，良驹。吐谷浑部族以当地牝马与波斯草马杂交所生骢驹，能日行千里，号曰龙种。这里暗喻治国良材。蜀山蛇：传说战国时秦王送五美女给蜀王，蜀王派五壮士迎娶，回来时路过梓潼，见一大蛇钻入山洞，五壮士共拔蛇尾，结果山崩坍，五壮士被压死，化为石。比喻根深蒂固、盘根错节，难以铲除的宦官势力。

预：遇到。南熏曲：指《南风歌》。相传为虞舜所作，歌中有"南风之熏兮，可以解吾民之愠兮"等句。这里暗喻德政。终古：久远。苍梧：舜帝南巡驾崩之地。翠华：为御车或帝王的代称。这里指舜帝。

▌ 浅说

这首诗提倡勤俭，抨击了骄奢淫逸的世风，表达了对舜帝爱民德政的怀念。密集使用典故，是这首诗的一大特色。颔联并列用刘裕和齐威王的典故，说明人才比珠宝更重要的道理。颈联对比青海马和蜀山蛇的典故，说明用人不当会给国家招惹祸患的道理。尾联用南熏曲的典故，呼唤德政。历史典故的使用，增强了诗歌的表现力，也使思想分量更厚重、表达更委婉含蓄。"历览前贤国与家，成由勤俭败由奢"是这首诗中的名句，表面看简单明了，说理透彻，其实是引用了历史上秦穆公和臣子由余的一个典故。据刘向《说苑》记载，"秦穆公闲问由余曰：'古者明王圣帝得国失国，当何以也？'由余曰：'臣闻之，当以俭得之，以奢失之。'"大臣由余的回答，其实也就是"成由勤俭败由奢"的意思。

历览前贤国与家，成由勤俭败由奢

吟安一个字，拈断数茎须

释义

吟诗时为了找到一个恰当的字而久久思索，不知不觉地拈断了好几根胡须。形容吟诗之苦。

出处

《苦吟》

原文

莫话诗中事，诗中难更无。吟安一个字，拈断数茎须。险觅天应闷，狂搜海亦枯。不同文赋易，为著者之乎。

作者

卢延让，生卒年不详，字子善，唐代范阳人。约唐昭宗时期在世。唐光化三年（900 年）考中进士。他的诗选材角度比较奇特，爱写别人不常写的东西，也不追求细致工巧，喜欢用粗陋直白的词语。

解词

安：定，这里是恰当的意思。须：胡须。

闷：烦闷，不耐烦。

者之乎：文言文中常用的虚词，这里隐指注水文字，有讽刺意味。

浅说

　　这首诗作比较浅显，突出描写了创作一首好诗付出的艰辛。诗的大意是：你们别说作诗的事情了，作诗的难处旁人根本想象不到。为了找到一个恰当的字眼苦苦思考，不知不觉捋断好几根胡须。为寻找险语，连老天都觉得烦闷，把海水一样的词汇库也翻检得枯竭了。这可不像平常写个文章那么简单，只要弄些"之乎者也"就能凑成一篇。"吟安一个字，捋断数茎须"这两句通过一个有喜剧色彩的情节描写，表现出诗人的认真和严谨。现在这两句诗常用来赞扬精益求精、不辞辛劳的创作态度和刻苦精神。

日月每从肩上过，山河长在掌中看

释义

　　日月好像从释迦牟尼佛的肩上走，山河好像在释迦牟尼佛的掌中就可以巡览。

《百丈山》

※ **原文**

大雄真迹枕危峦，梵宇层楼耸万般。日月每从肩上过，山河长在掌中看。仙峰不间三春秀，灵境何时六月寒。更有上方人罕到，暮钟朝磬碧云端。

▌ 作者

李忱（810—859），唐宪宗李纯第十三子。初名李怡。后为唐宣宗，847年至859年在位，历史上把这一时期称为"大中之治"。因服长生药中毒驾崩，谥号圣武献文孝皇帝，庙号宣宗，葬于贞陵。李忱工诗，《全唐诗》录有其诗六首。

▌ 解词

百丈山：在江西奉新县。山环水绕，若青莲绽放，云遮雾罩，若人间仙境。海拔1200米以上，俗称百丈。

大雄：佛的德号。大者，是包含万有的意思；雄者，是摄伏群魔的意思。因为释迦牟尼佛具足圆觉智慧，能雄镇大千世界，因此佛弟子尊称他为大雄。百丈山因其高大，气势雄伟，又称大雄山。大雄山远看像一尊卧佛，所以诗人开头说大雄真迹。危峦：险峻的山峦。梵宇：佛寺。万般：总括之词，谓各种各样。

三春：春季三个月。农历正月称孟春，二月称仲春，三月称季春。灵境：庄严妙土，吉祥福地。多指寺庙所在的名山胜境。

上方：天上，上界。罕：少。

■ 浅说

这首诗描写登上百丈山的感受，抒发了作者不俗的抱负和高洁的情操。"日月每从肩上过，山河长在掌中看"后来被南宋朱熹化用到白云岩书院的一副对联里："地位清高，日月每从肩上过；门庭开豁，江山常在掌中看。"

少年辛苦终身事，莫向光阴惰寸功

释义

年少时下的苦功夫，是有益终身的事情。不要让每寸光阴轻易从身边溜走，不要放松，要努力。

出处

《题弟侄书堂》

何事居穷道不穷，乱时还与静时同。家山虽在干戈地，弟侄常修礼乐风。窗竹影摇书案上，野泉声入砚池中。少年辛苦终身事，莫向光阴惰寸功。

作者

杜荀鹤（846—约904），字彦之，号九华山人，唐代池州石埭（今安徽石台）人。出身寒微。大顺二年（1645年）进士，曾任翰林学士、主客员外郎等。其诗多反映民间疾苦，今存诗篇三百多首。

解词

何事：什么事。居穷道不穷：遭遇穷困也要注重品德。乱时：战乱时期。静时：太平年代。

家山：家乡的山，指故乡。干戈：干和戈是古代两种武器，这里代指战争。礼乐：这里指儒家思想。

案：书几。

惰：懈怠。寸功：微小的努力。

浅说

诗作是写给子侄们的，勉励他们读书和修身。意思是说，虽然房屋简陋，家乡战乱，但一定要加紧学习、精进才学，不能放松自己，懈怠光阴。全诗恳切真挚，声声教诲。

少年辛苦终身事，莫向光阴惰寸功

却是平流无石处，时时闻说有沉沦

释义

反而是平静的没有礁石阻碍的地方，经常听说有沉船的事情。

出处

《泾溪》

原文

泾溪石险人兢慎，终岁不闻倾覆人。却是平流无石处，时时闻说有沉沦。

作者

杜荀鹤。

解词

泾溪：水名。在安徽省泾县西南，下流汇入青弋江。兢慎：战战兢兢、小心谨慎。终岁：终年，整年。倾覆：翻船沉没。

平流：平静的水流。闻说：犹听说。

浅说

这首哲理诗以泾溪为喻，提醒人们越是平坦的路途越要多加小心。人在泾溪险石上行走时总是战战兢兢、小心谨慎，所以一年到头没人掉入水中，而恰在平坦无险之处，却常有落水事件发生。这种深含哲理之言，当引起我们深思。

偷得浮生半日闲

释义

在这纷扰红尘中偷出来半日清闲。

出处

《题鹤林寺僧舍》

原文

终日昏昏醉梦间，忽闻春尽强登山。因过竹院逢僧话，偷得浮生半日闲。

▌ 作者

李涉，生卒年不详，自号清溪子，唐代洛阳（今河南洛阳）人。早岁客梁园，逢兵乱，避地南方，与弟李渤同隐庐山香炉峰下。唐宪宗时，曾任太子通事舍人。不久，贬为峡州（今湖北宜昌）司仓参军，后任国子博士，世称"李博士"。著有《李涉诗》。

▌ 解词

鹤林寺：在今江苏省镇江市，始建于晋代，原名古竹院。

强：勉强。

因：由于。过：游。竹院：即寺院。浮生：人生浮沉的意思。语出《庄子》"其生若浮"。

▌ 浅说

诗人在诗中写自己长时间陷于琐碎生活里，麻木的心就像在醉梦中一样迷茫。忽然听人说春天快完了，于是赶紧打点精神，去山上游览。路过鹤林寺的时候，和僧人聊了聊，就这样又在这纷扰红尘中偷出来半日清闲。这首诗用平淡的语气，按照时间顺序讲了自己的半日行程，像写了一篇日记。字里行间流落出对所处社会的厌恶和无奈，表达了自己对自然清闲生活的向往。

偷得浮生半日闲

今朝有酒今朝醉

释义

今天有酒就今天醉倒。

出处

《自遣》

原文

得即高歌失即休，多愁多恨亦悠悠。今朝有酒今朝醉，明日愁来明日愁。

作者

罗隐（833—909），本名横，字昭谏，自号江东生，唐代新城（今浙江富阳区）人，一作余杭（今属浙江）人。少时即负盛名。但因其诗文抨击时政，讥讽公卿，故十举进士不第，乃改名隐。五代初辅佐吴越王钱镠。

解词

得：得意，指获得机会、职位或赏识。失：失意，指失去机会、职位或赏识。悠悠：悠闲自在的样子。

今朝：今日。

浅说

诗人用内心独白的写法，表达了一个自得自乐的知识分子的无奈心态。有达观，更多的是在现实面前的愤世嫉俗之意。现代人也用"今朝有酒今朝醉"讽刺得过且过的心态或者贪图享乐的人生。

宁无一个是男儿

释义

难道没有一个敢于担当的勇士吗？

出处

《述国亡诗》

原文

君王城上竖降旗，妾在深宫那得知。十四万人齐解甲，宁无一个是男儿。

作者

花蕊夫人徐氏，五代时期青城（今四川灌县西）人，因才貌双全，得幸于后蜀主孟昶，别号花蕊夫人。长于宫词。孟蜀亡国后，被掳入宋。宋太祖召她陈诗，徐氏当场诵《述国亡诗》。

解词

君王：指后蜀君主孟昶。妾：我。谦辞，作者自称。那得：哪里能够。

解甲：放下武器。宁无：竟没有一个。

浅说

这首诗分析后蜀亡国原因，鞭辟入里，绵里藏针，措辞考究。作者在特定环境之下，委婉而又不亢不卑地为自己做了辩解，对投降君臣进行了怒斥，表达了浓重的亡国沉痛。同时也含蓄地警示宋太祖，非蜀之败，而蜀之自败而已。据说宋太祖读了这首诗后很高兴，说："盖蜀兵十四万，而王师数万尔。"

一江春水向东流

🌿 释义

春天里的江水向着东方奔流。

🌿 出处

《虞美人》

🌿 原文

春花秋月何时了，往事知多少。小楼昨夜又东风，故国不堪回首月明中。雕栏玉砌应犹在，只是朱颜改。问君能有几多愁，恰似一江春水向东流。

▌作者

李煜（937—978），初名从嘉，字重光，号钟隐、莲峰居士，后改名李煜。五代时期人，祖籍彭城（今江苏徐州铜山区），南唐最后一位国君，在位十五年，开宝八年（975年）宋军攻破金陵，李煜被迫降宋，被俘至汴京（今开封），封为违命侯。太平兴国三年（978年）七月七日，死于汴京，世称李后主。他的词作成就较高。

■ 解词

春花秋月：春天的花，秋天的月。泛指美好的记忆。

故国：已经灭亡的国家。

雕栏：雕花彩饰的栏杆。雕，比喻华美。玉砌：用玉石砌的台阶，这里是台阶的美称。只是：仅仅是，不过是。朱颜：红润美好的容颜。

■ 浅说

这首词写的是亡国之痛。上下阕巧妙地采用两个问句结构成篇。最后两句用滔滔江水来比喻愁思，使看不见的情感便成了看得见的流水，非常形象。"一江春水向东流"后来被借用为"一江清水向东流"，用以表达生态文明的美好景象。

一江春水向东流

衣带渐宽终不悔，为伊消得人憔悴

释义

因为思念她而憔悴，因为相思折磨而消瘦，连衣带也变得宽松了，但是我心甘情愿，一点也不后悔。

出处

《蝶恋花》

原文

伫倚危楼风细细，望极春愁，黯黯生天际。草色烟光残照里，无言谁会凭阑意。拟把疏狂图一醉，对酒当歌，强乐还无味。衣带渐宽终不悔，为伊消得人憔悴。

作者

柳永（约987—约1053），字耆卿，原名三变，字景庄。后改名永，因排行第七，又称柳七。宋代崇安（今属福建）人。当过屯田员外郎的小官，所以又被称为柳屯田。他自称"奉旨填词柳三变"。其词在当时流传很广，风格独具，是婉约派的代表。作品编为《乐章集》。

解词

伫：长久站立。危楼：高楼。黯黯：沮丧忧愁的样子。

烟光：云霭雾气。会：理解。

疏狂：懒散狂放。

衣带渐宽：暗喻瘦。衣带，束衣的带子。伊：她。消得：值得。憔悴：
黄瘦，瘦损。

浅说

这首词表达登高望远、思念家人的春愁。诗很浅显，妙在词美情浓，
细节动人。清王国维在《人间词话》里说："古今之成大事业、大学问者，
必经过此三种之境界：'昨夜西风凋碧树，独上高楼，望尽天涯路'，此第一
境也。'衣带渐宽终不悔，为伊消得人憔悴'，此第二境也。'众里寻他千百
度，蓦然回首，那人却在灯火阑珊处'，此第三境也。此等语皆非大词人不
能道。"

衣带渐宽终不悔，为伊消得人憔悴

昨夜西风凋碧树，独上高楼，望尽天涯路

释义

昨天夜里西风呼啸，把绿树的叶子都吹落了。我独自登上高楼，遥望那消失在天涯的道路。

出处

《蝶恋花》

原文

槛菊愁烟兰泣露，罗幕轻寒，燕子双飞去。明月不谙离恨苦，斜光到晓穿朱户。昨夜西风凋碧树，独上高楼，望尽天涯路。欲寄彩笺兼尺素，山长水阔知何处。

作者

晏殊（991—1055），字同叔，宋代抚州临川（今江西抚州）人。少年时被称为神童，一生多做大官，家庭富贵。他的词多写唱歌喝酒和个人的闲情别绪，笔调娴婉，词语雅丽。他的词集《珠玉集》是宋人流传后世的第一部词集，被称为"北宋倚声家初祖"。

解词

槛：栏杆。愁烟：惨淡的烟波。诗人以其易于勾起愁思，故称。泣露：

谓滴露。罗幕：丝罗的帷幕，富贵人家所用。

朱户：犹言朱门，富贵人家。

彩笺：彩色的笺纸，常供题诗或书信用。

兼：和。尺素：素绢，通常长约一尺，故称尺素。古人写信用。

浅说

这首词是一首缠绵悱恻的思念之歌。上阕以带着感情色彩的风景描写开头，烘托出迷离悲凉的意象氛围。下阕写人物的动作和心理，直接表达思念。"彩笺"和"尺素"都是书信的意思，用一个"兼"字把两者连起来，以重叠表示郑重和迫切。

看似寻常最奇崛，成如容易却艰辛

释义

看似寻常实际最不寻常，写成好像很容易却饱含艰苦和辛酸。

出处

《题张司业诗》

原文

苏州司业诗名老，乐府皆言妙入神。看似寻常最奇崛，成如容易却艰辛。

作者

王安石（1021—1086），字介甫，号半山。宋代抚州临川（今江西抚州）人，官至宰相，主持变法，推行新政。晚年退居江宁（今南京市）半山园。封荆国公，人们也叫他王荆公。他的散文成就较大，是"唐宋八大家"之一。他写的词流传下来的不多。今存《王临川集》。

解词

张司业：唐代诗人张籍，字文昌，原籍吴郡（今江苏省苏州市），后移居和州（今安徽省和县）。历任太常寺太祝、水部员外郎、国子司业等职，世称"张水部"或"张司业"。

奇崛：奇特突出。成：成功的意思。

浅说

这是一篇诗评。作者认为唐代诗人张籍的诗歌老辣深沉，看起来很平常，其实很奇特，写得好像很容易，其实付出了艰辛的努力。

人生乐在相知心

释义

人生的欢乐在于心与心相互沟通和了解。

出处

《明妃曲其二》

原文

明妃初嫁与胡儿，毡车百两皆胡姬。含情欲语独无处，传与琵琶心自知。黄金杆拨春风手，弹看飞鸿劝胡酒。汉宫侍女暗垂泪，沙上行人却回首。汉恩自浅胡恩深，人生乐在相知心。可怜青冢已芜没，尚有哀弦留至今。

作者

王安石。

解词

明妃：即王昭君，晋人避司马昭讳，改昭为明。两：同辆。胡姬：胡女。

杆拨：弹琵琶的工具。春风手：能弹出和美声音的手。

汉宫侍女：指陪昭君远嫁的汉宫女。

青冢：昭君墓。

▌浅说

这首诗共二首，这是第二首。作者一反众论，超越民族恩怨，从相知心的角度，提出了关于王昭君的新视角，认为她能够得到胡恩，能够和单于彼此知心，未尝不是幸福的。如何知心？很重要的一点就是要通过深入对话和实际行动获得心与心的共鸣。

不畏浮云遮望眼，自缘身在最高层

❧ 释义
不害怕飘来飘去的云遮住我的视线，只因为我立身在山的最高处啊。

❧ 出处
《登飞来峰》

飞来山上千寻塔，闻说鸡鸣见日升。不畏浮云遮望眼，自缘身在最高层。

▌ **作者**

王安石。

▌ **解词**

飞来山：浙江绍兴城外的宝林山。古代传说此山自琅琊郡东武县（今山东诸城）飞来，故名。千寻塔：概数，形容塔高。古代一寻等于八尺。鸡鸣见日升：每天黎明鸡叫的时候，在这儿可以看见太阳升起，侧面描写山高。

不畏：不怕。浮云：浮动的云。缘：因为。最高层：最高的地方。

▌ **浅说**

这首诗高瞻远瞩，气势逼人。借登高喻处世，以极大的文化自信表达了对奸佞小人的蔑视。情飞扬，景浩荡，理宏阔，交融映衬，流畅自然。写出了登高望远，心胸自然宽阔的道理。

不畏浮云遮望眼，自缘身在最高层

腹有诗书气自华

释义

心中有诗书浸润，气质自然光彩照人，谈吐不俗。

出处

《和董传留别》

原文

粗缯大布裹生涯，腹有诗书气自华。厌伴老儒烹瓠叶，强随举子踏槐花。囊空不办寻春马，眼乱行看择婿车。得意犹堪夸世俗，诏黄新湿字如鸦。

作者

苏轼（1037—1101），字子瞻，又字和仲，号东坡居士，世称苏东坡、苏仙。宋代眉州眉山（今属四川）人，祖籍河北栾城。嘉祐二年（1057 年）进士及第。曾历任翰林学士、侍读学士、礼部尚书等职，并出知杭州、颍州、扬州、定州等地，晚年因新党执政被贬惠州、儋州。宋徽宗时获大赦北还，途中于常州病逝。宋高宗时追赠太师，谥号"文忠"。诗、词、文、书、画都有很高成就，他被列为"唐宋八大家"之一。有《东坡七集》《东坡易传》《东坡乐府》等传世。

董传：字至和，洛阳（今属河南）人。苏轼在陕西凤翔认识的友人，董当时很贫困。

粗缯大布：粗丝绑发，粗布披身。大布，粗布。裹：经历。诗书：原指《诗经》和《尚书》。此泛指学问。气：精神气度。华：丰盈而实美，即不俗。

老儒：年长学究。瓠叶：《诗经·小雅》的篇名。开头二句为"幡幡瓠叶，采之亨之"。举子：参加考试的读书人。踏槐花：指参加科举考试。唐代有俗语"槐花黄，举子忙"，槐花落时，也就是举子应试的时间。

寻春马：引用孟郊诗"春风得意马蹄疾，一日看尽长安花"。择婿车：唐代进士发榜，例于曲江亭设宴。其日，公卿家倾城纵观，高车宝马，于此选取佳婿。这里指董会不屑参加科举。

得意：即"春风得意"，意谓黄榜得中。世俗：适应大众的眼光。诏黄：即诏书。字如鸦：诏书上的黑字像乌鸦一样。

■ 浅说

这首诗对友人的才华进行了肯定，认为他胸有诗书气质不俗。同时劝慰他改变自己去参加科举考试以适应社会习俗，并祝愿他黄榜得中，实现理想。"腹有诗书气自华"说明了知识积累对人的气质、修养的良好影响。饱读诗书除了学习知识，还能提升人的精神境界和心胸气度，令人高雅脱俗。

不识庐山真面目，只缘身在此山中

释义

看不清庐山的真面目，只因为自己在这座山中啊。

出处

《题西林壁》

原文

横看成岭侧成峰，远近高低各不同。不识庐山真面目，只缘身在此山中。

作者

苏轼。

题西林壁：写在西林寺的墙壁上。西林寺在庐山北麓。

真面目：真貌。

■ 浅说

这首诗充满哲理。诗人走进庐山，庐山从不同的角度带给他不同的感受，于是产生了看不清庐山真貌，是因为自己在这座大山之中的认识，也即旁观者清、当局者迷的意思。

春宵一刻值千金

释义

春夜里极短的时光，也像千金一样珍贵。

出处

《春宵》

原文

春宵一刻值千金，花有清香月有阴。歌管楼台声细细，秋千院落夜沉沉。

作者

苏轼。

解词

春宵：春夜。一刻：刻，计时单位，古代用漏壶记时，一昼夜共分为一百刻。月有阴：指月光在花下投出清影。

歌管：歌声和管乐声。秋千院落：安有秋千架的院落，多为女孩居住。这里是泛指院落之优雅。夜沉沉：形容夜深。

浅说

前两句实际是个倒装的因果复句，意思是说"因为花有清香月有阴，所以春宵一刻值千金"。后两句采用了对偶和对比的修辞方式，写的是贵族人家的奢侈和享乐，同时也暗示了他们内心的冷寂和空虚，对他们醉生梦死和虚度光阴的生活方式进行了委婉的批评。第一句"春宵一刻值千金"简练深刻地表达了对春夜的珍惜和留恋，现在常用来形容良辰美景的短暂和珍贵。

春宵一刻值千金

水光潋滟晴方好，山色空蒙雨亦奇

释义

晴天的西湖，水波荡漾，景色非常美好。下雨时的西湖，倒映着远处的山色，朦朦胧胧，时隐时现，景色也令人称奇。

出处

《饮湖上初晴后雨二首》

原文

朝曦迎客艳重冈，晚雨留人入醉乡。此意自佳君不会，一杯当属水仙王。

水光潋滟晴方好，山色空蒙雨亦奇。欲把西湖比西子，淡妆浓抹总相宜。

作者

苏轼。

解词

饮湖上：在湖上喝酒。

朝曦：早晨的阳光。

水仙王：宋代西湖旁有水仙王庙，祭祀钱塘龙君，故称钱塘龙君为水

仙王。

　　潋滟：水波荡漾、波光闪闪的样子。方好：正好。空蒙：山岚迷蒙的样子。

　　欲：想要。西子：西施，春秋末年越国的美女。相宜：适合。

▌ 浅说

　　诗人任杭州通判时所写，写西湖美景，共两首，第二首尤其有名。诗句浅显，精彩之处在于用了一个绝佳的比喻，把西湖比为美女。妙处是西湖和西子都有个"西"字，可算奇妙的联想。后来人们常用"水光潋滟晴方好，山色空蒙雨亦奇"来描绘杭州西湖的美好韵致。

春江水暖鸭先知

🌿 释义

在水里游泳的鸭子最先知道春水变暖了。

《惠崇春江晚景》

＊ 原文

竹外桃花三两枝，春江水暖鸭先知。蒌蒿满地芦芽短，正是河豚欲上时。

■ 作者

苏轼。

■ 解词

惠崇春江晚景：惠崇是北宋时期一位有名的僧人，《春江晚景》是他的画作。

蒌蒿：生长在洼地的多年生草本植物。芦芽：芦苇的嫩芽。河豚：即河鲀，鱼的一种，肉味鲜美，但是其内脏有剧毒。上：逆流而上，这里指河鲀洄游产卵。

■ 浅说

诗人用极富画面感的语言，生动描述了初春美景，洋溢着浪漫温馨的生活气息。前三句是画上所见，后一句是心中所想。全诗由近及远，由外及内，见微知著，充满生机。诗人笔下有特写镜头，有宏观扫描，有色彩，有温度，有立体感，意象丰富而又清新，意境妙曼而又鲜美。惠崇的绘画流传下来的不多，这幅《春江晚景》也没有流传下来。但是通过苏轼的妙笔，我们仍然能够想象和感受到惠崇图画中的温暖、美妙和鲜丽。《惠崇春江晚景》的题目，过去也有些争议。有人说题目应该叫《题惠崇春江晓景》。那么究竟应该是春江晚景还是晓景呢？从诗的最后一句我们还是可以

春江水暖鸭先知

进行一些判断。诗人看见了蒌蒿和芦芽，想起了和芦芽一起烹制成美味的河豚。欧阳修在《六一诗话》中说："河豚常出于春暮，群游水上，食柳絮而肥，南人多与荻芽为羹，云最美。"由此可以推测，苏轼的联想是从春天的傍晚出发的，因为傍晚才有河豚活动，所以我才愿意给"春江晚景"投一张赞成票。也正因为春日的太阳晒了一天，原来清冽的春水也温柔了一些，也才有春江水暖的现象出现。由此也可以体味古人体物之细，用意之妙。

不似天涯，卷起杨花似雪花

释义
这里的春天不像在偏僻的海角天涯，卷起的杨花非常像北方飘飞的雪花。

出处
《减字木兰花·立春》

原文
春牛春杖，无限春风来海上。便丐春工，染得桃红似肉红。春幡春胜，一阵春风吹酒醒。不似天涯，卷起杨花似雪花。

■ 作者

苏轼。

■ 解词

春牛：打春用的土牛。旧俗立春前一日，用土牛打春，以示迎春和劝农，并象征春耕开始。打春之牛，后也用芦苇或纸来制作。春杖：耕夫持犁杖而立，鞭打土牛。杖即执。也有打春一称。无限：犹无数，谓数量极多。海上：海面上。

丐：乞求。春工：将春天比喻为催生助长万物的农工。肉红：状写桃花鲜红犹如肉色，也就是似人肌肤的红润之色。

春幡：春旗。旧俗立春日农家户户挂春旗，标示春的到来。也有剪成小彩旗插在头上或树枝上，以示迎春之意。春胜：一种剪成图案或文字的剪纸，也称剪胜。旧俗在立春日剪彩成方胜为戏，或作为妇女的首饰。酒醒：醉后醒过来。

天涯：犹天边，指极远的地方。这里指作者被贬谪的海南岛。杨花：即柳絮。

■ 浅说

这首词是写在作者被贬谪到海南的时候。有意思的是作者用了大量的"春"字，既渲染了效果，又明快了节奏，取得了突出的艺术效果。他用欢乐的笔调深情礼赞了海南的美丽春光，抒发了对生活的热爱。"不似天涯，卷起杨花似雪花"这一句是说海南的春天来得比较早，杨花已经飞舞的时候，北方还在飘洒雪花；同时也表达了自己不同流俗、随遇而安的旷达襟怀。

秀干终成栋，精钢不做钩

释义

挺秀的枝干终会长成栋梁之材，精炼的钢材是不会用来制作小巧的铁钩的。

出处

《书端州郡斋壁》

原文

清心为治本，直道是身谋。秀干终成栋，精钢不做钩。仓充鼠雀喜，草尽兔狐愁。史册有遗训，毋贻来者羞。

作者

包拯（999—1062），字希仁，宋代庐州合肥（今属安徽）人。天圣朝进士。其曾任天章阁待制，人称"包待制"；后进为龙图阁直学士，故后人亦称"包龙图"。卒谥"孝肃"。因断狱英明、廉洁公正、不畏权贵，故有"包青天"及"包公"之名。后世文学作品和戏剧舞台将他神话化，称他能断阴阳，死后成为第五殿阎罗王。诗仅存一首。

解词

书端州郡斋壁：写在广东端州（今广东肇庆）郡守府第的墙壁上。包拯曾任端州知州（即太守），"郡斋"就是"郡守的府第"。

清心：端正思想。直道：正直的行事方式。

秀干：良才。精钢：好钢。

仓充：仓廪丰实。鼠雀喜：鼠雀高兴（可以偷食）。草尽兔狐愁：草光了则无处藏身，所以兔狐发愁。

贻：赠。羞：以……为羞。

▌ 浅说

包拯这首诗详解了自己的为官之德和管理方法，提出了"清心直道"的为官理念，认为仓库满的时候就要想到鼠雀准备来偷了，要让兔狐发愁就要把它们藏身的草拔光。这些诗句偏于议论，都很朴素，但闪烁着思想和道德的光辉。

秀干终成栋，精钢不做钩

弄潮儿向涛头立

释义

勇敢的弄潮儿在浪尖上站着。

出处

《酒泉子·长忆观潮》

原文

长忆观潮，满郭人争江上望。来疑沧海尽成空，万面鼓声中。弄潮儿向涛头立，手把红旗旗不湿。别来几向梦中看，梦觉尚心寒。

作者

潘阆（？—1009），字梦空，一说字逍遥，号逍遥子，宋代大名（今属河北）人。性格疏狂，曾两次坐事亡命。真宗时释其罪，任滁州参军。有诗名，今仅存《酒泉子》十首。

解词

长：通"常"，经常。满郭：满城。

来疑沧海尽成空：怀疑大海的水都被倒空了，全部集中到钱塘江的大潮里。万面鼓声中：形容潮声猛烈。

弄潮儿：在钱塘江上与潮相搏的少年人。八月十五钱塘大潮，吴地少年善游水者数百人，都披散着头发，身上刺满花纹，手持大旗，争先恐后，迎着潮头，在万丈波涛中出没腾飞，做出各种姿势，旗帜却一点没有沾湿。

向：朝着，面对。

觉：醒来。寒：惊心动魄。

▌浅说

这首词回忆了钱塘观潮的壮观景象，描写了观潮时的热烈气氛，赞美了弄潮儿的英姿和勇气，抒发了对钱塘潮的怀念之情。诗人从视觉和听觉两个方面分别描述了人和潮的不同情境，有声有色，有条不紊，动人心弦。人的倾城而出，其实也是侧面烘托潮水的壮观。潮的万鼓轰鸣，其实也是为了侧面烘托弄潮儿的勇敢矫健。观潮盛况、潮声轰鸣、弄潮搏浪，都是为了侧面烘托梦中的思念，具体体现长忆观潮的"忆"字。正因为有了这环环相扣的景象，才更加令人念念不忘。

弄潮儿向涛头立

随人作计终后人，自成一家始逼真

释义

跟随别人筹谋终究落在别人后面，独辟蹊径才能有自家面目，达到高超的境界。

出处

《以右军书数种赠邱十四》

原文

邱郎气如春景晴，风暄百果草木生。眼如霜鹘齿玉冰，拥书环坐爱窗明。松花泛砚摹真行，字身藏颖秀劲清，问谁学之果兰亭。我昔颇复喜墨卿，银钩虿尾烂箱簏，赠君铺案黏曲屏。小字莫作痴冻蝇，乐毅论胜遗教经。大字无过瘗鹤铭，官奴作草欺伯英。随人作计终后人，自成一家始逼真。卿家小女名阿潜，眉目似翁有精神。试留此书他日学，往往不减卫夫人。

作者

黄庭坚（1045—1105），字鲁直，自号山谷道人，晚号涪翁，又称豫章黄先生，宋代洪州分宁（今江西修水）人，历官叶县尉、北京（今河北大名）国子监教授、校书郎、著作佐郎、秘书丞、涪州别驾、黔州安置等。事亲至孝，虽居官而自为亲洗涤便器，为二十四孝之一。黄庭坚为"苏门四学士"之一，是"江西诗派"的开山祖师，生前与苏轼齐名，世称"苏黄"。书法为"宋四家"之一。著有《山谷词》。

■ 解词

霜鹘：借指霜鹘的眼睛。玉冰：玉和冰。比喻洁白。拥书：持书。环坐：围绕而坐。

真行：真书与行书。

墨卿：墨的戏称。银钩虿尾：比喻书法的钩、挑等笔画遒劲有力，有如银钩和蝎尾。

小字：细小的字。一般指若蝇头至樱桃大小的楷体字。乐毅论：著名的小楷法帖，三国魏夏侯玄文，晋王羲之书。唐褚遂良称其"笔势精妙，备尽楷则"，被评为王羲之正书第一。真迹已佚，后世摹本甚多。

大字：形体较大的字。一般指径寸以上的字。瘗鹤铭：著名的摩崖刻石。其时代和书者众说纷纭，但均无确据。在今江苏省镇江市焦山崖石上。曾崩落长江中。乾隆二十二年移置焦山定慧寺。铭文正字大书左行，前人评价很高。官奴：晋王献之的小字。相传其父王羲之曾手书《乐毅论》一篇，付与他学习书法，篇末题有"书付官奴"字样。伯英：东汉书法家张芝字伯英，被誉为"草书之祖"。

随人作计：谓顺应他人意旨事。后人：后面的人；后继的人。自成一家：谓在学术或技艺上有独特的创见或风格，能自成流派。逼真：确实，真切。

卿家：你家。精神：风采神韵。

他日：日后。不减：不次于。卫夫人：东晋女书法家。姓卫，名铄，字茂漪，汝阴太守李矩妻，世称卫夫人，也称李夫人。擅长书法，隶书尤善，师钟繇，妙传其法。王羲之、王献之少时，曾从她学书。

随人作计终后人，自成一家始逼真

浅说

黄庭坚赠给游人邱十四数种王羲之书法，同时写了这首诗赠他。这首诗赞美友人德行，还关心友人女儿的学书，同时纵论了前人书法家的艺术成就和自己的书法心得。诗艺较平常，但以见解高超和情真意挚取胜。

莫等闲、白了少年头，空悲切

莫等闲、白了少年头，空悲切

释义

不要虚度光阴，等到年老的时候，只能空空地悲哀感叹。

出处

《满江红·怒发冲冠》

原文

怒发冲冠，凭栏处、潇潇雨歇。抬望眼，仰天长啸，壮怀激烈。三十功名尘与土，八千里路云和月。莫等闲、白了少年头，空悲切。靖康耻，犹未雪。臣子恨，何时灭！驾长车，踏破贺兰山缺。壮志饥餐胡虏肉，笑谈渴饮匈奴血。待从头、收拾旧山河，朝天阙。

▊ 作者

岳飞（1103—1142），字鹏举，宋代相州汤阴（今河南汤阴县）人。身经百战，屡建奇功，是南宋初期抗金名将。后被皇帝赵构、奸臣秦桧以"莫须有"的罪名杀害。葬于西湖畔栖霞岭。他的词格调苍凉悲壮，文笔沉郁激昂，表现了炽热的爱国情怀。

▊ 解词

怒发冲冠：愤怒得头发根根直竖，把帽子都顶起来了。潇潇：风雨急骤的样子。这里指急骤的雨势。

长啸：高声大叫。

尘与土：灰尘和泥土。这里比喻对个人功名的轻视。云和月：云是在白天看到的，月是在夜晚看到的。这里指白天黑夜都在征程转战。

等闲：随便，轻易。

靖康耻：靖康元年，金兵攻陷北宋京都，第二年捉走了宋朝的两个皇帝。这一历史事件，宋朝人认为是很大的耻辱。

贺兰山：在今宁夏回族自治区与内蒙古自治区的交界处。这里借指西北边界的关山。

胡虏：这里指与中原敌对的北方部族的通称。匈奴：古代北方的一个游牧民族。这里指金人。

朝天阙：天阙，指帝王居住的地方。这里是说回到朝廷，朝见皇帝。

▌浅说

　　这首词的上阕抒发了珍惜光阴、意气风发的爱国情感，下阕表达了收复失地的壮志和重整山河的决心。全词振奋激昂，悲愤激越，洋溢着对敌寇的仇恨和对祖国的热爱。"莫等闲、白了少年头，空悲切"是教育人们不要虚度时光、抓紧时间努力奋进的名句。"三十功名尘与土，八千里路云和月"把作者的爱与恨、追求与厌恶叙述得清清楚楚，表达了一种高尚无私的人生观。"三十功名"是时间概念，"八千里路"是空间概念，作者在这里非常巧妙地运用了对偶和对比的手法，通过时间和空间的交织对应以及"尘与土""云和月"的鲜明对比，流露出漠视个人功名却热爱日夜奔波的战斗生活的态度，生动具体地抒发了自己炽热的爱国情怀。

人才自古要养成，放使干霄战风雨

▌释义

　　人才自古以来都是加以培养而成就的，应该放手让他们去社会实践中经风雨，见世面，磨炼意志，积累斗争经验，增长才识胆力，在锻炼中成长起来。

出处

《苦笋》

原文

　　藜藿盘中忽眼明，骈头脱襁白玉婴。极知耿介种性别，苦节乃与生俱生。

　　我见魏徵殊媚妩，约束儿童勿多取。人才自古要养成，放使干霄战风雨。

作者

　　陆游（1125—1210），字务观，号放翁，宋代越州山阴（今浙江绍兴）人。他的诗词充分表达了爱国主义的思想。著有《剑南诗稿》《放翁词》《老学庵笔记》等，自言"六十年间万首诗"，今尚存九千三百余首，是我国现有存诗最多的诗人。

解词

　　藜藿：藜和藿。亦泛指粗劣的饭菜。眼明：眼前一亮。骈头：齐头。脱襁白玉婴：笋的美称。

　　极知：深知。耿介：正直不阿，廉洁自持。种性：种属的特性，禀受于先天的本性。苦节：俭约过甚。后以坚守节操，矢志不渝为"苦节"。乃：才。与生俱生：与生俱来的意思。

　　我见：我认为。魏徵：唐朝名臣，因直言进谏著称。殊：多么。媚妩：美好可爱。唐太宗曾评价魏徵："人言徵举动疏慢，我但见其妩媚耳！"约束：限制，管束。儿童：这里指少年。勿：不要。多取：轻易挖取。

人才自古要养成，放使干霄战风雨

养成：培育。放：放开。干霄：高入云霄。

浅说

这首诗写在饭桌上看到一盘苦笋之后的欣喜之情，同时表达了从苦笋的意象所感悟到的挺拔向上、耿介正直的精神品质，随后引用了唐代魏徵的故事，抒发了取法刚直不阿精神的情怀，说明了天赋和天性虽然重要，但人才成长同样也需要后天培养和放手磨炼的道理。

纸上得来终觉浅，绝知此事要躬行

释义

书本上得来的知识终归是肤浅的，要真正了解某件事情，就要亲身去实践。

🌿 出处

《冬夜读书示子聿》

🌿 原文

古人学问无遗力，少壮工夫老始成。纸上得来终觉浅，绝知此事要躬行。

▌作者

陆游。

▌解词

示：写给……看。子聿：陆游的小儿子。

学问：积累知识。遗：保留，存留。少壮：青少年时代。工夫：做出的努力。始：才。

纸：书本。终：到底，毕竟。浅：肤浅。绝知：深入理解。躬行：亲身实践。

▌浅说

这是陆游写给儿子的一首绝句，朴素亲切，满含哲理，尤其是诗中提出的理论与实践相结合的观点，至今犹有现实意义。从书本上得到的知识终归是肤浅的，要真正理解书本中的人生哲理，必须亲身去实践中进行验证。既要多读有字之书，也要多读无字之书，注重积累人生经验和社会知识。知行合一，增长本领。

纸上得来终觉浅，绝知此事要躬行

位卑未敢忘忧国

释义

职务低微也不敢忘记为国家大事操心。

出处

《病起书怀》

原文

病骨支离纱帽宽，孤臣万里客江干。位卑未敢忘忧国，事定犹须待阖棺。天地神灵扶庙社，京华父老望和銮。出师一表通今古，夜半挑灯更细看。

作者

陆游。

解词

病起：病愈。

病骨：指多病的身体。支离：瘦弱，憔悴。宽：身体因生病后落发、变瘦而显得纱帽宽。孤臣：孤立无助或不受重用的臣子。江干：江边，江岸。

位卑：地位低。忧：为国谋划。阖棺：指盖棺论定。

庙社：宗庙和社稷，代指国家。京华：京城。和銮：同"和鸾"。挂在车上的铃铛。挂在车前横木上称"和"，挂在轭首或车架上称"銮"。这里代指天子的车驾。

出师一表：指蜀汉丞相诸葛亮所作《出师表》。挑灯：拨动灯火，点灯。

▌浅说

《病起书怀》写在诗人被免职和卧病重起之后，原作二首，这里选录第一首。诗作在浓重的感伤情绪中，燃烧着强烈的爱国激情，最后以挑灯夜读《出师表》的情境结束全诗，表达作者以孔明精神为风范，抒发了百折不挠、鞠躬尽瘁、报效国家的感人情怀。

位卑未敢忘忧国

山重水复疑无路，柳暗花明又一村

释义

山重叠，水回绕，担心找不到道路。柳茂盛，花明艳，忽然又见一个小村庄。

出处

《游山西村》

原文

莫笑农家腊酒浑，丰年留客足鸡豚。山重水复疑无路，柳暗花明又一村。箫鼓追随春社近，衣冠简朴古风存。从今若许闲乘月，拄杖无时夜叩门。

作者

陆游。

腊酒：腊月里酿造的酒。鸡豚：鸡和猪。

山重水复：谓山峦重叠，水流盘曲。柳暗花明：形容绿柳成荫，繁花灿烂的景象。

箫鼓：吹箫打鼓。春社：古时于春耕前祭祀土神，以祈丰收，谓之春社。古风存：保留着淳朴古代风俗。

若许：如果允许。闲乘月：有空闲时趁着月光前来。无时：随时。叩门：敲门。

■ 浅说

这首诗极富生活气息，非常生动地描述了去山西村做客的情景。淳朴的乡情，亲切的箫鼓，坦诚的古风，给诗人留下了极美好的印象。写风景的两句"山重水复疑无路，柳暗花明又一村"，既写出了乡村静幽的山水和明艳的春光，同时也暗含着深刻的哲理，令人咀嚼回味，成为千古传诵的名句。

山重水复疑无路，柳暗花明又一村

夜阑卧听风吹雨，铁马冰河入梦来

释义

深夜躺在床上听着暴风骤雨，当年在战场上骑着铁甲马飞跃冰河的情景又到梦中来了。

出处

《十一月四日风雨大作》

原文

僵卧孤村不自哀，尚思为国戍轮台。夜阑卧听风吹雨，铁马冰河入梦来。

作者

陆游。

解词

僵卧：躺卧不起。僵，僵硬挺直的意思，暗示诗人不受重用的处境。孤村：孤零零的村庄。自哀：自暴自弃。尚思：还想着。轮台：古地名。在今新疆轮台南。本仑头国（一作轮台国），汉武帝时为李广利所灭，置使者校尉，屯田于此。这里泛指边塞。

夜阑：夜将尽。铁马：配有铁甲的战马。指雄师劲旅。冰河：结冰的河流。

▉ 浅说

南宋孝宗淳熙十六年（1189 年）陆游被陷害罢官回归山阴村居，三年之后的 11 月 4 日，风雨大作，68 岁的诗人虽然被朝廷冷落多时，但是依然不改爱国激情，感风雨而思念沙场岁月，梦想着铁马冰河，去为国建功。

王师北定中原日，家祭无忘告乃翁

✽ 释义

当大宋军队收复中原的那一天，你们家祭时可别忘了告诉我这个好消息啊！

✽ 出处

《示儿》

王师北定中原日，家祭无忘告乃翁

原文

死去元知万事空，但悲不见九州同。王师北定中原日，家祭无忘告乃翁。

作者

陆游。

解词

元：同"原"。空：都放下。但：只。九州：古代中国分为九个州，所以常用九州指代中国。同：统一。

王师：指南宋的军队。北定：收复北方失地。乃翁：你的（死去的）父亲，指诗人自己。

浅说

这是陆游临终时写给儿子的遗嘱，时年85岁。诗人说唯一放不下的牵挂就是祖国还没有统一。可贵的是诗人并没有绝望，而是充满胜利的信心，叮嘱孩子们等到统一那一天，家祭的时候一定要告诉自己。这种深沉坚定的爱国之心，感动了一代又一代读者，引起千古共鸣。

王师北定中原日，家祭无忘告乃翁

莫言下岭便无难，赚得行人错喜欢。
正入万山圈子里，一山放出一山拦

释义

别说下岭容易，没有什么困难。此话骗得旅人们空空喜欢。其实旅人正走在群山圈子里边，刚走出一座山岭，又一座山岭将其阻拦。

出处

《过松源晨炊漆公店　三首》

原文

山北溪声一路迎，山南溪响送人行。也知流向金陵去，若过金陵莫寄声。

后山勒水向东驰，却被前山勒向西。道是水柔无性气，急声声怒慢声悲。

莫言下岭便无难，赚得行人错喜欢。正入万山圈子里，一山放出一山拦。

作者

杨万里（1127—1206），字廷秀，号诚斋。宋代江西吉州人。与陆游、范成大、尤袤并称"南宋四家""中兴四大诗人"。初学江西诗派，重在字句韵律上着意，五十岁以后诗风转变，由师法前人到师法自然，讲究"活

莫言下岭便无难，赚得行人错喜欢。正入万山圈子里，一山放出一山拦

法",即捕捉生活情趣并以平易浅近口语表达,世称诚斋体。相传有诗两万余首,现存诗四千两百余首。今存《诚斋集》有诗文一百三十三卷,有《杨文节诗集》《杨文节易传》《杨文节文集》等传世。

■ 解词

松源:地名,在今皖南山区。晨炊:做早饭。漆公店:地名,在今皖南山区。

流向:水流动的方向。寄声:托人传话。

急声:湍急的声音。慢声:缓慢轻柔的声音。

莫言:不要说。赚得:骗得。错喜欢:白白地喜欢。

拦:阻拦,阻挡。

■ 浅说

诗人一生力主抗战,反对投降,一直得不到重用,长期外放做官。这是作者途经安徽山区松源时,在一个叫漆公店的地方做早饭,见周围群山环绕,小溪潺潺,触动诗思,写了六首绝句。这里选其中三首。一首表达对金陵官场不能发声的愤懑,一首借溪水遭勒表达命运多舛的感慨,一首借山路回环比喻对前途艰险要有充分估计。全诗朴实平易,别有寄托,所有山水仿佛被给予了诗性活力,在诗人笔下都活了起来,生动了起来。

莫言下岭便无难,赚得行人错喜欢。正入万山圈子里,一山放出一山拦

接天莲叶无穷碧，映日荷花别样红

释义

翠绿的荷叶重重叠叠铺向远方，仿佛与蓝天连在了一起。一朵朵荷花在阳光的辉映下，显得特别鲜艳红润。

出处

《晓出净慈寺送林子方 二首》

原文

出得西湖月尚残，荷花荡里柳行间。红香世界清凉国，行了南山却北山。

毕竟西湖六月中，风光不与四时同。接天莲叶无穷碧，映日荷花别样红。

作者

杨万里。

解词

晓出：太阳刚升起。净慈寺：杭州西湖畔著名佛寺。林子方：作者的朋友。

红香：谓色红而味香。世界：佛教语，犹言宇宙。世指时间，界指空

间。清凉国：谓清净凉爽的地方。

毕竟：到底。六月中：六月中旬。四时：春夏秋冬四季。

接天：与天空接在一起。无穷碧：无边无际的碧绿色。别样：格外。

▋ 浅说

诗人送别朋友林子方，但笔墨重点放在了对西湖夏日美景的细致描写上。诗文意境宏阔，画面壮丽，气势磅礴；对风景的铺排渲染，含蓄地表达了对友人的挽留眷恋之情。尤其是"接天莲叶无穷碧，映日荷花别样红"，这一联色彩鲜明，造语大气，有天地之辽阔，有色彩之绮丽，确实"不与四时同"。言外之意，就是希望朋友不要离开，或者离开了一定还要回来的意思。

闭门觅句非诗法，只是征行自有诗

闭门觅句非诗法，只是征行自有诗

▋ 释义

关起门来在家里寻章觅句，不是作诗的方法。只要走到生活的深处去

探索，自然就会收获真正的诗歌。

🍃 出处

《下横山滩头望金华山　四首》

🍃 原文

篙师只管信船流，不作前滩水石谋。却被惊湍漩三转，倒将船尾作船头。

山思江情不负伊，雨姿晴态总成奇。闭门觅句非诗法，只是征行自有诗。

道是兰溪水较宽，兰溪欲到怪生难。后船只羡前船快，不觉前船阁在滩。

玉立金华霄汉间，帝封天女锡仙山。被他走下严滩去，一水穷追竟不还。

▍作者

杨万里。

▍解词

金华山：山名。在浙江省金华市北，传说山上有神仙石室。

篙师：撑船的熟手。只管：只顾，一直，一味。水石谋：考虑流水与水中之石。惊湍：犹急流。

山思：山的情思。闭门觅句：形容作诗时冥思苦想。宋诗人陈师道与诸生徜徉林下，或怅然而归，径登榻，引被自覆，闭门觅句。所以当时有"闭门觅句陈无己（即陈师道）"的说法。征行：远行，旅行。

怪生：犹好生，十分。

不觉：想不到，无意之间。

玉立：犹言挺拔，矗立。天女：天上的神女。锡：赐。

严滩：即严陵濑，在浙江桐庐县南，相传为东汉严光隐居垂钓处。穷追：连续追击。

■ 浅说

第一首表面写行船，实际比喻人生道路多险阻。在前进的道路上如果不早做提防，船就会被阻挡，道路甚至被截断。第二首重点是第三、四句，认为关上门在屋里搜肠刮肚不是作诗的好办法，只有到外面多接触生活，才能够写出好诗。第三首仍是以行船警示人生，是说应该慢下来，多多审察，不要贪快冒进，不然就会遭到倾覆。第四首是个情趣小品，把山河水比喻成情人，幽默风趣，韵味十足。其中"闭门觅句非诗法，只是征行自有诗"这两句诗，深刻地揭示了只有走进生活、体悟生活、发现生活，才能写出真正打动人心的好作品的道理。

闭门觅句非诗法，只是征行自有诗

等闲识得东风面，万紫千红总是春

释义

谁都能够认出春天的模样。各种颜色的花朵一起开放，随便看到哪里都是春天啊。

出处

《春日》

原文

胜日寻芳泗水滨，无边光景一时新。等闲识得东风面，万紫千红总是春。

作者

朱熹（1130—1200），字元晦，一字仲晦，号晦庵、晦翁、谥文，世称朱文公。又被尊称朱子。宋代人，祖籍徽州府婺源县（今江西婺源），出生于南剑州尤溪（今属福建尤溪县）。朱熹是"二程"（程颢、程颐）的三传弟子李侗的学生，与二程合称"程朱学派"。其理学思想对元、明、清三朝影响很大，成为三朝的官方哲学。十九岁考中进士，曾任江西南康、福建漳州知府、浙东巡抚、焕章阁侍制兼侍讲等。著有《四书章句集注》《太极图说解》《通书解说》《周易读本》《楚辞集注》，后人辑有《朱子大全》等。

■ 解词

胜日：风光美好的日子。寻芳：游赏美景。泗水：河名，在山东省。无边：犹无数，无穷。光景：风光，景象。

等闲：轻易，随便。识得：懂得，知道。东风面：春风的面貌特征。

■ 浅说

这首诗表面描写春天的风景万紫千红，引人入胜。不过，因为春秋时孔子曾在洙、泗之间讲学，"胜日寻芳"其实是暗喻寻求圣人之美。"泗水滨"其实是暗喻儒家门庭，"万紫千红"是暗喻儒学宫墙万仞的丰富绚丽，"春"则暗喻儒家的礼乐教化之功。这首诗的最后两句含蓄隽永，历来为人称赏，也早已脱离了理学家诗人的本意而多所引申。

等闲识得东风面，万紫千红总是春

问渠那得清如许，为有源头活水来

释义

问它为什么这样清澈呢？因为有流淌的活水作为它的源头。

出处

《观书有感 二首》

原文

半亩方塘一鉴开，天光云影共徘徊。问渠那得清如许，为有源头活水来。

昨夜江边春水生，艨艟巨舰一毛轻。向来枉费推移力，此日中流自在行。

作者

朱熹。

解词

方塘：又称半亩塘。鉴：古人所用铜镜，用时打开。徘徊：来回地移动。

渠：指示代词，它，指方塘。那得：怎么会。清如许："如许清"的倒装句，这样清澈。活水：有源头而经常流动的水。

艨艟：古代战船。一毛：一根毛。喻细小、轻微的事物。

向来：从前，过去。枉费：空费，白费。中流：江河中央，水中。自在：自由，无拘束。

▌ 浅说

这是两首借景物描写来阐发理念的诗篇。第一首揭示知识是不断更新和发展的，只有与时俱进，不断探索，才能永葆活力的道理。第二首揭示事物的发展需要适当的条件和时机，只有根据适合的条件顺势发展，才能收到明显效果的道理。两首诗凝练含蓄，寓意深沉，内涵丰富。

众里寻他千百度，蓦然回首，那人却在，灯火阑珊处

众里寻他千百度，蓦然回首，
那人却在，灯火阑珊处

▌ 释义

我在众人中千百次寻找，等到猛然一回头，却发现那个人就在灯火忽

明忽暗的地方。

出处

《青玉案·元夕》

原文

东风夜放花千树，更吹落，星如雨。宝马雕车香满路。凤箫声动，玉壶光转，一夜鱼龙舞。

蛾儿雪柳黄金缕，笑语盈盈暗香去。众里寻他千百度，蓦然回首，那人却在，灯火阑珊处。

作者

辛弃疾（1140—1207），原字坦夫，改字幼安，中年自号"稼轩居士"。宋代山东东路济南府历城县（今山东省济南市历城区）人。出生时山东已为金人所占，二十一岁时即参加抗金义军。曾任江西安抚使、福建安抚使等职。追赠少师，谥忠敏。其词以豪放为主，与苏轼合称"苏辛"。有《稼轩词》等行世。

解词

元夕：正月十五日夜。

花千树：众多花灯如缤纷花树。星如雨：指焰火乱如星雨。

宝马雕车：豪华装饰的车。

凤箫：箫的美称。玉壶：明月。鱼龙舞：鱼龙百戏。这里指鱼形、龙形的彩灯飞舞飘动。

蛾儿、雪柳、黄金缕：妇女头上的各种装饰。盈盈：仪态娇美的样子。

众里寻他千百度，蓦然回首，那人却在，灯火阑珊处

暗香：女子身上的香气。

　　他：即她，古代没有"她"字。度：遍。蓦然：猛然。阑珊：零落的样子，引申为忽明忽暗。

■ 浅说

　　上阕写元宵盛况，有烟花，有灯火，有凤箫，有明月，有鱼龙百戏。下阕写元宵佳人，写盛装，写说笑，写暗香，写美的发现。全词热烈奔放，充满灿烂斑斓之美。

乘风好去，长空万里，直下看山河

乘风好去，长空万里，直下看山河

释义

乘着风的翅膀飞上万里长空，饱览下面的大好山河。

出处

《太常引·建康中秋夜为吕叔潜赋》

原文

一轮秋影转金波，飞镜又重磨。把酒问姮娥：被白发、欺人奈何？

乘风好去，长空万里，直下看山河。斫去桂婆娑，人道是、清光更多。

作者

辛弃疾。

解词

建康：指南京。吕叔潜：作者一位友人，生平不详。

秋影：指月亮。金波：指月光。飞镜：比喻月亮。

姮娥：指嫦娥，月宫中的仙子。白发：这里代指岁月。

直下：向下看。

斫：砍伐。人道是、清光更多："人"指杜甫。本句引自杜甫《一百五日夜对月》："斫却月中桂，清光应更多。""一百五日"指冬至后第一百零五日，在寒食节期间。

浅说

这首词借对月中嫦娥倾诉心声的浪漫方式，表达了对奸佞当道阴暗现实的愤恨，抒发了对大好山河的深沉热爱，字里行间洋溢着渴望为国锄奸和建功立业的豪迈情愫。上阕描写中秋月色，怀想古老神话，抒发岁月流逝、怀才不遇的感叹。下阕直接抒怀，想象自己乘风翱翔，饱览山河的壮丽情景，还表达了飞到月宫去砍掉遮掩月光的桂树，让月亮更加明亮的心愿，借此委婉表述铲除朝廷奸佞的良苦心声。尤其是"乘风好去，长空万里，直下看山河"这几句词激情飞扬，鼓舞人心。

乘风好去，长空万里，直下看山河

人生自古谁无死，留取丹心照汗青

释义

自古以来，谁也不能够避免死亡；但是可以留下赤胆忠心，光照史册。

出处

《过零丁洋》

原文

辛苦遭逢起一经，干戈寥落四周星。山河破碎风飘絮，身世浮沉雨打萍。惶恐滩头说惶恐，零丁洋里叹零丁。人生自古谁无死，留取丹心照汗青。

作者

文天祥（1236—1283），初名云孙，字天祥。中贡士后，换以天祥为名，改字履善。中状元后再改字宋瑞，后因住过文山，而号文山，又号浮休道人。宋代江西吉州庐陵（今江西吉安市）人，宝祐四年（1256年）状元及第，官至右丞相，封信国公。坚持抗元，于五坡岭兵败被俘，宁死不降。著有《文山诗集》《指南录》《指南后录》《正气歌》等。

■ 解词

零丁洋：即"伶仃洋"，在今广东省中山南的珠江口。

起一经：因精通某一经籍科举得官。文天祥曾以进士第一名及第。干戈：两种兵器，代指战争。寥落：稀疏冷寂。四周星：周星即岁星，四年。文天祥1275年应诏勤王至写此诗时已四年。

山河破碎风飘絮：大宋江山支离破碎，像被风吹散的柳絮。风飘絮比喻国土四分五裂。身世浮沉雨打萍：自己的身世坎坷如雨中的浮萍漂泊无依，起伏不定。雨打萍比喻自己漂泊天涯，坎坷跋涉。

惶恐滩：在今江西万安赣江，水流湍急。

丹心：比喻忠贞品格。汗青：指史册。

■ 浅说

文天祥被元军囚在零丁洋上的战船里，元帅张弘范攻打崖山时，逼文天祥去招降守卫崖山的宋帅张世杰，文天祥于是写了这首诗回答他。全诗凄楚惶恐，诗人在自我反思中闪耀着坚定的信念之光，既为国事痛心疾首，也坚决地表明了报国心迹。

人生自古谁无死，留取丹心照汗青

191

天地有正气，杂然赋流形

释义

天地之间有一股凛然正气，呈现出各种纷繁不同的样子。

出处

《正气歌》

原文

天地有正气，杂然赋流形。下则为河岳，上则为日星。于人曰浩然，沛乎塞苍冥。皇路当清夷，含和吐明庭。时穷节乃见，一一垂丹青。

作者

文天祥。

解词

杂然：纷繁，指各种事物变化不同的形态。

浩然：浩然正气。沛乎：充盈。苍冥：世界上。

皇路：国运。清夷：清平，太平。含和：内敛光芒。吐：表现。

见：同"现"，彰显。垂丹青：流传史册。丹青，史册。

▌浅说

元世祖至元十八年（1281 年）夏，文天祥被元军押往大都囚禁的第二年（关押地在北京市东城区府学胡同 63 号，今称"文天祥祠"或"文丞相祠"），文天祥写下这首名垂千古的《正气歌》，那穿越岁月的光芒像闪电，在人们的心上唤起雷霆般的共鸣。此处为节选。

诗前原有序言，介绍说囚室潮湿狭小，环境恶劣，但是自己胸中自有"浩然正气"。接着诗篇先从天地说起，历数正气在自然界的表征，接着一口气罗列了董狐、张良、苏武等十二位前人的典型表现，满含深情赞美了他们的高尚人格，接着叙述自己所遭受到的种种艰巨考验，表达自己的坚定信心和凛然忠勇。这首诗的文字略粗糙，但是那颗火焰般的丹心，比所有华而不实的修饰语更加明亮和璀璨，也更有温度和热量。

当官避事平生耻

❀ 释义

当官的遇事推诿躲避是平生的耻辱。

出处

《四哀诗·李钦叔》

原文

赤县神州坐陆沈，金汤非粟祸侵寻。当官避事平生耻，视死如归社稷心。文采是人知子重，交朋无我与君深。悲来不待山阳笛，一忆同衾泪满襟。

作者

元好问（1190—1257），字裕之，号遗山，世称遗山先生。金末元初太原秀容（今山西忻州）人。自幼聪慧，有"神童"之誉。在金国做官，官至知制诰。金亡后被囚数年，晚年重回故乡，隐居不仕，于家中潜心著述。著有《元遗山先生全集》《遗山乐府》等。

解词

陆沈：比喻国土沦陷于敌手。金汤非粟：典出《魏书·薛虎子传》："臣闻金汤之固，非粟不守。"意为：即使再坚固的城池，如果没有粮食也难坚守。金汤指金属造的城，沸水流淌的护城河。形容城池险固。侵寻：渐进，渐次发展。

避事：谓逃避职事。平生：一生，此生，有生以来。

无我：没有谁比得过我。

山阳笛：晋向秀经山阳旧居，听到邻人吹笛，不禁追念亡友嵇康、吕安，因作《思旧赋》。后以"山阳笛"为怀念故友的典故。同衾：共被而睡，比喻亲近。

当官避事平生耻

浅说

　　李钦叔，名献能，祖籍河中，即今天的运城，是元好问的山西老乡，元好问和他多有诗歌唱和之作。元军攻金时投笔从戎，1232年陕州发生赵三三兵变，李献能在乱中被杀。

　　元好问这首诗从感叹天下大势写起，歌颂了社稷为重、敢于担当、视死如归的官德。后四句直接抒发自己和亡友的深厚友谊，至感情高潮处以泪湿衣襟戛然而止，留无限悲凉见于言外。"为官避事平生耻"这句诗经常被今人引用，激励领导干部坚持原则、敢于担当。

千军易得，一将难求

释义
千军万马容易得到，一员善于带兵的将领却非常难找到。

出处
《汉宫秋》

原文

陡恁的千军易得，一将难求。

作 者

马致远（约 1251—约 1321 至 1324 年间），字千里，晚号东篱，元代大都（今北京）人，原籍河北省东光县马祠堂村，与关汉卿、郑光祖、白朴并称"元曲四大家"，被后人誉为"马神仙""曲状元"。著有《汉宫秋》《东篱乐府》等。

解词

得：得到，这里是征集到的意思。求：寻访。

浅说

这里表达了领军人才的重要性。

千军易得，一将难求

不要人夸好颜色，只留清气满乾坤

释义

不需要别人夸赞颜色好看，只留下清香之气弥漫在天地之间。

出处

《墨梅》

原文

我家洗砚池头树，朵朵花开淡墨痕。不要人夸好颜色，只留清气满乾坤。

作者

王冕（1287—1359），字元章，号竹斋，别号梅花屋主，元代绍头诸暨（今浙江诸暨）人。自幼好学，放牛时也抽空学习。身长多髯，戴高帽，披绿蓑，着长齿屐，击木剑，行歌于市，人以为狂。一生喜爱梅花，常种梅、咏梅、画梅。书法、篆刻皆有成就。著有《竹斋诗集》。

解词

墨梅：水墨画的梅花。

洗砚池：相传晋朝书法家王羲之的洗砚池，由于经常洗笔砚，把小池塘的水都染黑了。因王冕也姓王，所以说是"我家"。

清气：梅花的香气，也暗喻人品和风骨。

■ 浅说

这首梅花诗很有名。诗人借梅花来抒发自己对品格、操守的坚持，自信地标示出梅花不同流俗的高贵灵魂。

逢山开道，遇水搭桥

❧ 释义

遇到山峰阻拦就开辟道路，遇到河流阻拦就架设桥梁。

❧ 出处

《哭存孝》

原文

三千鸦兵为先锋，逢山开道，遇水搭桥。

作者

关汉卿（约1226—约1300），晚号已斋、已斋叟。汉族，元代大都（今北京市）人，与白朴、马致远、郑光祖并称为"元曲四大家"。著有《窦娥冤》《单刀会》《单鞭夺槊》《西蜀梦》等，被誉为"曲圣"。

解词

山：这里是山峰阻拦的意思。

水：这里是河流阻拦的意思。

搭：架设。

浅说

遇到困难就积极想办法，常用来比喻无所畏惧，一往无前的气概。

逢山开道，遇水搭桥

绿衣歌舞不动尘，海仙骑鱼波袅袅

释义

穿着绿色衣裙的仙女们歌舞轻盈，不沾染一星尘土；海上的仙人们骑着大鱼，掀动柔美纤长的海波。

出处

《罗浮美人歌》

原文

海南天空月皎皎，三山如卷海如沼。绿衣歌舞不动尘，海仙骑鱼波袅袅。翩然而来坐芳草，宰如白月射林杪。洗妆不受瘴烟昏，缟袂初逢鸿欲娇。

作者

杨维桢（1296—1370），元末明初著名诗人、文学家、书画家和戏曲家。

字廉夫，号铁崖、铁笛道人。山阳（今浙江绍兴）人。其诗特色鲜明，被称为"铁崖体"。著有《春秋合题着说》《史义拾遗》《东维子文集》《铁崖古乐府》《丽则遗音》《复古诗集》等。

▌ 解词

海南：旧指今海南岛地区，亦泛指南部滨海地区。皎皎：皎洁明亮。三山：传说中的仙山。卷：画卷。沼：池子。

绿衣：穿着绿色衣服的仙女。海仙：海中的仙人。袅袅：纤长柔美的样子。

翩然：潇洒的样子。宰：负责管理的官员。白月：白色的月光。林杪：树梢。

不受：不被干扰。瘴烟：有毒的烟气。缟袂：白色的纱衣。欲：需要。娇：宠爱，怜惜。

▌ 浅说

这首诗描写了传说里的南海仙山上的美人在月夜歌舞的美好景象，文笔优美，意境瑰丽，令人神往。

绿衣歌舞不动尘，海仙骑鱼波袅袅

一语不能践，万卷徒空虚

释义

一句话都不能付诸实践，那么读一万卷典籍也是白白无用。

出处

《饮酒》

原文

儒生好奇古，出口谈唐虞。倘生羲皇前，所谈乃何如。古人既已死，古道存遗书。一语不能践，万卷徒空虚。我愿但饮酒，不复知其余。君看醉乡人，乃在天地初。

作者

林鸿，生卒年不详，字子羽，明代福建福清人，明初闽中诗坛"十才子"之首，著有《鸣盛集》。

解词

儒生：读书人。奇古：尊崇古人的生活方式。唐虞：唐尧与虞舜的并称。亦指尧与舜的时代，古人以为太平盛世。

羲皇：指伏羲。何如：如何，怎么样，怎么办。

既：已经。古道：古代之道。泛指古代的制度、学术、思想、风尚等。

遗书：指前人的遗著、遗作。

跬：实践。徒：白白地。空虚：虚假，空幻。

醉乡：指醉酒后神志不清的境界。乃：于是，就。

▌ 浅说

《饮酒》辛辣嘲讽了能说不能做的腐儒习气，巧妙阐发了知与行的辩证关系，倡导知行合一、学以致用，反对夸夸其谈、纸上谈兵，有着深刻的哲学智慧和思想意义。

但愿苍生俱饱暖，不辞辛苦出山林

✿ 释义

因为希望黎民百姓全都能够吃饱穿暖，于是煤炭不辞辛苦从山林出来为人们造福。

出处

《咏煤炭》

原文

凿开混沌得乌金，藏蓄阳和意最深。爝火燃回春浩浩，洪炉照破夜沉沉。鼎彝元赖生成力，铁石犹存死后心。但愿苍生俱饱暖，不辞辛苦出山林。

作者

于谦（1398—1457），字廷益，号节庵，明代杭州府钱塘县（今浙江省杭州市上城区）人。永乐十九年（1421年）辛丑科进士，曾任御史、江西巡按、兵部右侍郎、兵部尚书，官至少保，所以世称于少保。明英宗复辟后被杀，成化初年复官赐祭，弘治二年（1489年）谥肃愍，万历中改谥忠肃。所以又称于忠肃。著有《于忠肃集》。

解词

混沌：这里指大地。乌金：指煤炭。阳和：阳光，这里指热能。意：情意。

爝火：小火炬。浩浩：广大的样子。洪炉：炉火。

鼎彝：炊具和酒器，这里统指烹饪器具。元：本。生成力：煤炭的热量。铁石：古人以为煤炭是铁石压在地下变成的。喻义坚贞不变之心。

浅说

这首诗借赞美煤炭，表达了自己报国为民的初心。诗中描写了煤炭的深情，给人们带来温暖，也带来光明，不改铁石坚贞，不变元生初心，为了苍生，不辞辛劳出山济世，为民造福。短短八句，画出煤炭的光彩形象，

但愿苍生俱饱暖，不辞辛苦出山林

抒发了感人的责任心和坚定的志向。

五峰如指翠相连，撑起炎荒半壁天

释义

五指山像一只被翠绿色连在一起的巨手，托起来这炎热荒远之地的半边天穹。

出处

《咏五指山》

原文

五峰如指翠相连，撑起炎荒半壁天。夜盥银河摘星斗，朝探碧落弄云烟。雨余玉笋空中现，月出明珠掌上悬。岂是巨灵伸一臂，遥从海外数中原。

■ 作者

丘浚（1418—1495），字仲深，号深庵、玉峰，出生在海南岛琼山，别号海山老人，琼山府城镇下田村（又名朱桔里，今名金花村）人，明中叶著名的学者和政治家、经济学家，著有《大学衍义补》《琼台会集》《家礼仪节》等著作。海南四大才子之一。同海瑞被誉为"海南双璧"。

■ 解词

炎荒：指南方炎热荒远之地。半壁天：半边天。

盥：浇水洗手，泛指洗。碧落：天空，青天。云烟：云雾，烟雾。

雨余：雨的尾声，引申为雨后。玉笋：喻秀丽耸立的山峰。明珠：指月亮。

巨灵：神话传说中劈开华山的河神。中原：指洛阳至开封一带为中心的黄河中下游地区，此处泛指内地。

■ 浅说

这首诗用拟人的手法，化静为动，把五指山的秀丽景色描写得气势恢宏、生动空灵，同时还流露出一些欢快的妙趣，表达了对家乡海南岛的热爱和自豪之情。"撑起炎荒半壁天"一句的"撑"字用得非常有力量，凸现了五指山高耸云霄的峻峭气势和挺拔雄姿。

五峰如指翠相连，撑起炎荒半壁天

繁霜尽是心头血，洒向千峰秋叶丹

🌿 释义

浓霜像心头的热血一样洒在千山万岭，把秋叶都染红了。

🌿 出处

《望阙台》

🌿 原文

十年驱驰海色寒，孤臣于此望宸銮。繁霜尽是心头血，洒向千峰秋叶丹。

▌ 作者

戚继光（1528—1588），字元敬，号南塘，晚号孟诸，明代山东登州人。率军于东南沿海诸地抗击来犯倭寇，历十余年，大小八十余战，终于扫平倭寇之患。世人称其带领的军队为"戚家军"。有多部军事著作及诗作传世。

▌ 解词

望阙台：古台名。望阙就是仰望宫阙的意思，比喻怀念天子。

驱驰：策马快跑。海色：将晓时的天色。鸡鸣之时，天色昧明，如海气朦胧。孤臣：孤立无助或不受重用的远臣。宸銮：皇帝的宫殿。

繁霜：浓霜。心头血：比喻枫叶的颜色。

▍浅说

这首诗用枫叶来比喻自己的丹心，表白了自己忠贞的操守，抒发了不被朝廷理解和重用的悲凉情绪。

松柏何须羡桃李

🎋 释义

常青的松柏何必羡慕桃李的艳丽呢。

🎋 出处

《警世通言·老门生三世报恩》

🎋 原文

可见发达不在于迟早，蒯公叹息了许多。正是："松柏何须羡桃李，请

君点检岁寒枝。"

作 者

冯梦龙（1574—1646），字犹龙，又字子犹、公鱼，号龙子犹、墨憨斋主人等，南直隶苏州府长洲县（今江苏省苏州市）人。明代文学家、思想家、戏曲家，与兄冯梦桂、弟冯梦熊并称"吴下三冯"。著有《喻世明言》《警世通言》《醒世恒言》，合称"三言"。

解 词

何须：犹何必，何用。点检：考核，查察。岁寒：一年的严寒时节。这里比喻忠贞不屈的节操（或品行）。

浅 说

这两句诗是明代冯梦龙小说里的句子。松柏何须羡慕桃李的鲜艳，请您去看看严寒时节松柏那傲寒斗雪的青翠。《老门生三世报恩》出现在《警世通言》中，也被选入《今古奇观》中。这篇小说中还有四句诗："东园桃李花，早发还先萎。迟迟涧畔松，郁郁含晚翠。"这四句诗更详细地阐发了岁寒枝的坚贞和坚韧。桃李虽然红极一时，但是只有松柏才能耐得严冰寒雪，保持四季常青。

松柏何须羡桃李

勾践栖山中，国人能致死

释义

越王勾践隐蔽在会稽山中卧薪尝胆，终于得到了百姓的信任，百姓心甘情愿为他慷慨捐躯。

出处

《秋山 其一》

原文

秋山复秋水，秋花红未已。烈风吹山冈，磷火来城市。天狗下巫门，白虹属军垒。可怜壮哉县，一旦生荆杞。归元贤大夫，断脰良家子。楚人固焚麇，庶几歇旧祀。勾践栖山中，国人能致死。叹息思古人，存亡自今始。

作者

顾炎武（1613—1682），原名绛，字忠清，明亡后改名炎武，明末清初江苏昆山人，世人尊称为亭林先生。曾提出"天下兴亡，匹夫有责"这一口号，参加过抗清斗争，后来致力于学术研究。晚年侧重经学的考证，考订古音，分古韵为十部。著有《日知录》《肇域志》《音学五书》等。

解词

未已：不止，未毕。

烈风：暴风，疾风。磷火：磷化氢燃烧时的火焰。人或动物尸体腐烂分解出磷化氢，能自燃。夜间野地里有时出现白色带蓝绿色的火焰，就是磷火。俗称鬼火。

天狗：星名。状如大流星，伴有隆隆声，落在地上，形状如狗。白虹：日月周围的白色晕圈。军垒：军营周围的防守工事。

可怜：值得怜悯。一旦：一天之间。荆杞：指荆棘和枸杞，皆野生灌木，带钩刺，每视为恶木。因亦用以形容蓁莽荒秽、残破萧条的景象。

归元：死亡的代称。脰：颈项。

焚麇：火烧麇国（春秋国名）。庶几：差不多，近似。

勾践：春秋时越王。后为吴王夫差所败，困于会稽，屈辱于吴。乃用文种、范蠡为相，卧薪尝胆，立志复仇。十年生聚，十年教训，终于兴兵灭掉了吴国。

浅说

顾炎武的《秋山》诗共两首，这里选用的是其中一首。清顺治二年（1645 年）五月，清军南下攻击南明弘光军队，对嘉定军民进行了三次屠杀，史称"嘉定三屠"。顾炎武很多亲人死于难中。诗人写诗对惨烈景象进行了描述，表达了内心的强烈悲愤，赞颂了感人的为国牺牲精神。

勾践栖山中，国人能致死

211

大事难事看担当，逆境顺境看襟度

🌿 释义

遇到大事和难事的时候，可以看出一个人的责任意识；处在顺境和逆境之中，可以看出一个人的襟怀和气度。

🌿 出处

《小窗幽记》

🌿 原文

大事难事看担当，逆境顺境看襟度，临喜临怒看涵养，群行群止看识见。

▌作者

陈继儒（1558—1639），字仲醇，号眉公，明代松江华亭（今上海松江）人。博学多通，工诗善文，兼能绘事，名重一时。二十几岁时隐居于小昆山，后筑室东佘山，闭门著述。著有《小窗幽记》《陈眉公全集》。

▌解词

担当：敢于承担责任，有魄力。逆境：不顺利的境遇。顺境：顺利的境遇。襟度：襟怀与气度。涵养：道德、学问等方面的修养。群行：结队而行。群止：集体停止。识见：见解，见识。

▊ 浅说

　　这几句名句谈的其实是辨人识才的一种观察角度。看他对大事和难事的处理方式，可以发现他的魄力和责任意识。看他在顺境和逆境中的不同表现，可以发现他的襟怀和气度。遇到大事不推诿，遇到难事敢于上前。顺境的时候不得意忘形，逆境的时候不怨天尤人。遇到喜事和烦事要有定力判断正误，遇到起哄的时候也要有分辨能力，不能盲目追随。

近水知鱼性，近山识鸟音

❧ 释义

　　临近水边就能够掌握鱼的不同习性，临近山旁就能够辨别鸟的各种鸣叫。

出处

《增广贤文》

原文

近水知鱼性，近山识鸟音。易涨易退山溪水，易反易覆小人心。运去金成铁，时来铁似金。读书须用意，一字值千金。

作者

《增广贤文》，又名《昔时贤文》《古今贤文》，是一本古代儿童启蒙书目。书名最早见之于明万历年间的戏曲《牡丹亭》，作者未见记载；清代周希陶对这本书进行了重订。书中汇集了中国古代的格言、谚语，很有哲理性。其中绝大多数诗句都来自经史子集、诗词曲赋、戏剧小说以及文人杂记和传统谚语。

解词

鱼性：鱼的习性。
鸟音：鸟的鸣叫。

浅说

"近水知鱼性，近山识鸟音"讲了两层意思：一层意思是只有深入实际，才能真正得到知识；另外一层意思就是熟能生巧，接触得多了，时间长了，才能发现事物的规律。越接近某种事物，就越能深刻地了解和认识这种事物。同样道理，我们近距离地接触、多角度观察一个人，看他对问题的思考和处理能力、对名利的态度、对旁人的感情、为人处世的态度等，也才能够对他有真正的了解和认识。

牡丹花好空入目，枣花虽小结实成

🎋 释义

牡丹花虽然好看但是只能供人观赏，枣花虽然微小却能够结出果实。

🎋 出处

《增广贤文》

🎋 原文

众星朗朗，不如孤月独明。兄弟相害，不如友生。合理可作，小利莫争。牡丹花好空入目，枣花虽小结实成。

作者

未见记载。

解词

入目：入眼。这里指供人观赏。实：果实。这里指枣子。成：做好，做完。

浅说

这句诗启示我们不慕虚荣，多做实事。

一花独放不是春，百花齐放春满园

释义

只有一枝花朵开放，不能算是春天，只有百花齐放的时候，才能说满园都是春色。

出处

《增广贤文》

原文

一根竹竿容易弯，三根麻绳难扯断。一花独放不是春，百花齐放春满园。

作者

未见记载。

解词

独放：单独开放。不是春：不是春天的景象。

浅说

如果只有一朵花开放，即使再美丽，这单调的色彩也不是春天的景象。只有百花竞艳，才是满园春色。

千磨万击还坚劲，任尔东西南北风

释义

千万次折磨和打击之后依然坚韧顽强，任凭东西南北吹来的风进行各种考验。

出处

《竹石》

原文

咬定青山不放松，立根原在破岩中。千磨万击还坚劲，任尔东西南北风。

作者

郑板桥（1693—1765），原名郑燮，字克柔，号板桥，清代江苏兴化人，乾隆元年（1736年）进士，官山东范县、潍县知县，有政声。"扬州八怪"的重要代表人物，以三绝"诗、书、画"闻名。诗词不屑作熟语。擅画花卉木石，尤长兰竹。书亦有别致，隶、楷参半，自称"六分半书"。著有《板桥全集》，手书刻之。

解词

咬定：比喻竹根结实地扎在岩石之中。破岩：山岩的裂缝。

磨：折磨。坚劲：坚韧强劲。任尔：随你。任，任凭。尔，你。

浅说

　　这首诗的前两句是说竹子扎根岩缝，不择环境，显示了顽强的生命力。后两句说竹子不畏艰险，不屈不挠。全诗歌颂了竹子敢顶邪风、不怕碰硬的品格和毫不动摇的精神追求。

衙斋卧听萧萧竹，疑是民间疾苦声

释义

　　在衙斋的床上听到窗外风吹竹子发出萧萧的响声，就仿佛听到民间百姓因为疾苦而发出的呼唤。

出处

　　《潍县署中画竹呈年伯包大中丞括》

原文

衙斋卧听萧萧竹，疑是民间疾苦声。些小吾曹州县吏，一枝一叶总关情。

作者

郑板桥。

解词

潍县：今属山东省潍坊市。署中：衙门里，任所。年伯：古称同榜考取的人为同年，称同年的父辈为年伯。包大中丞括：包括，字银河，钱塘（今浙江杭州市）人，康熙四十五年（1706 年）进士。乾隆年间，曾任山东布政使，署理巡抚，故称"中丞"。

衙斋：衙门里的住处。萧萧：拟声词，形容竹间风声。

些小：微小。官职卑微。吾曹：我辈，我们。州县吏：州县一级的官吏。关情：牵动感情。

浅说

这首诗的意思是说在衙门的住处倾听竹间的萧萧风响，就觉得是老百姓倾诉悲愁苦痛的呻吟声。我们这些小官小吏，老百姓一点一滴的小事都牵动着自己的感情。作者借诗明志，以竹喻人，表达了自己关心民间疾苦、与百姓息息相通的为政理念。

骏马能历险，力田不如牛。
坚车能载重，渡河不如舟

释义

骏马能够在路上穿越险阻，但是在田里耕作却不如牛。坚固的大车能够负载重物，但是渡河时却不如船。

出处

《杂兴》

原文

骏马能历险，力田不如牛。坚车能载重，渡河不如舟。舍长以就短，智者难为谋。生材贵适用，幸勿多苛求。

作者

顾嗣协（1665—1722），字迂客，号依园，又号楞伽山人，清代江苏长洲（属苏州）人。清康熙四十六年（1707 年），由岁贡生授任为新会县令。他重视振兴文教，经常召集本地有学问的人士，征求施政意见和谈论诗文，创作的诗歌编成《玉台新刻》。著有《依园诗集》（六卷）、《漪园近草》等。

■ 解词

历险：走险路。力田：犁田，耕地。

坚车：坚固的车。

就：趋近。

生材：天性。幸勿：请不要。

■ 浅说

这首诗巧用比喻，说明了人才各有长短，要用长避短，不要以长就短。用什么人、用在什么岗位，一定要从个人能力和实际需要出发。

诗文随世运，无日不趋新

🌿 释义

诗文创作随着时代变化而变化，没有一天不追求创新。

🌿 出处

《论诗》

🎋 原文

"作诗必此诗,定知非诗人。"此言出东坡,意取象外神。羚羊眠挂角,天马奔绝尘。其实论过高,后学未易遵。诗文随世运,无日不趋新。古疏后渐密,不切者为陈。譬如窗驾马,将越而适秦。瀣瀣终南景,何与西湖春。又如写生手,貌施而昭君。琵琶春风面,何关苎萝鬟。是知兴会超,亦贵肌理亲。吾试为转语,案翻老斫轮。作诗必此诗,乃是真诗人。

▌作者

赵翼(1727—1814),字云崧,一字耘崧,号瓯北,晚号三半老人,清代江苏阳湖(今江苏省常州市)人。乾隆二十六年(1761年)进士。官至贵西兵备道。不久辞官,主讲安定书院。擅长史学,论诗主张创新,反对乾嘉诗人的模拟之风。著有《廿二史札记》《陔余丛考》《瓯北诗钞》《瓯北诗话》等。

▌解词

东坡:指宋代诗人苏轼。象外:写诗比物以意,而不指言某物,意境超乎常法之外。

羚羊眠挂角:羚羊夜宿,挂角于树,脚不着地,以避祸患。旧时多比喻诗的意境超脱。天马:骏马的美称。绝尘:不沾尘土。形容奔驰神速。

其实:实际情况;实际上,事实上。过高:过于玄妙,指脱离实际。遵:遵循。

世运:时代盛衰治乱的气运。无日:无一日,犹言天天。趋新:追求新变。

不切:不切合,不符合。陈:落伍。

窗:引申为盲目。将越而适秦:从越国去秦国,指从水草丰美的南方去荒凉的西北。

灞浐终南景：秦地风景的意思。灞浐是两条河，终南是山。何与：何如，比……怎样。

写生：直接以实物或风景为对象进行描绘的作画方式。貌施而昭君：面对的是西施，画出来的是王昭君。

琵琶春风面：指王昭君。何关苎萝鬟：指西施。

兴会：兴到的时候。肌理：皮肤的纹理。

转语：转告。斫轮：斫木制造车轮。这里指经验丰富、水平高超的人。

乃是：却是。

浅说

这是一首翻案诗。作者不认同苏东坡"作诗必此诗，定知非诗人"的观点，认为不能把作诗说得太玄妙，创作还是来源于现实生活，要有创新精神，不能脱离实际，盲目模仿。

诗文随世运，无日不趋新

苟利国家生死以，岂因祸福避趋之

释义

只要对国家有利的事情就要生死以赴，岂能根据个人的利害进行进退选择呢？

出处

《赴戍登程口示家人　其一》

原文

力微任重久神疲，再竭衰庸定不支。苟利国家生死以，岂因祸福避趋之。谪居正是君恩厚，养拙刚于戍卒宜。戏与山妻谈故事，试吟断送老头皮。

作者

林则徐（1785—1850），字少穆、石麟，晚号俟村老人、俟村退叟、七十二峰退叟、瓶泉居士、栎社散人等。清代福建侯官人（今福建省福州），官至一品，曾任湖广总督、陕甘总督和云贵总督，两次受命钦差大臣。曾主持1839年6月3日虎门销烟。著有《云左山房文钞》《云左山房诗钞》《林文忠公证书》《林则徐集》《林则徐书简》等。

赴戍登程口示家人：1842年夏历七月，林则徐自西安启程赴伊犁，写了这两首诗留别家人。

任重：担负重大的责任。神疲：精神疲乏。衰庸：意近"衰朽"，衰老而无能，自谦之词。不支：不能支撑，谓力量不够。

苟利国家生死以：春秋时郑国大夫子产改革军赋，受到时人的诽谤，子产说："何害！苟利社稷，死生以之。"（见《左传·昭公四年》）林则徐这句诗是从这里来的，意思是只要对国家有利。以：去做。避趋：离开与接近，避退与向前。

谪居：谓古代官吏被贬官降职到边远外地居住。养拙：藏拙，谓才能低下而闲居度日。常用为退隐不仕的自谦之辞。刚：正好。戍卒：戍守边疆的士兵。

山妻：隐士之妻，这里是戏谑语，指自己的妻子。故事：旧事。断送：葬送，毁灭。老头皮：为年老男子的戏称。

■ 浅说

原作二首，这里选其第二首。诗写于作者被谪戍新疆之时，表现了报效国家的深厚情怀，体现了宽阔旷达的大丈夫胸襟，同时宽慰自己的家人，不要为自己担心。这首诗中的"苟利国家生死以，岂因祸福避趋之"流传最广。

苟利国家生死以，岂因祸福避趋之

好风凭借力，送我上青云

释义

凭借着好风的力量，把柳絮吹到天上的青云里。

出处

《红楼梦》中的《临江仙·柳絮》。

原文

白玉堂前春解舞，东风卷得均匀。蜂团蝶阵乱纷纷。几曾随逝水？岂必委芳尘？万缕千丝终不改，任他随聚随分。韶华休笑本无根。好风凭借力，送我上青云。

作者

曹雪芹，生卒年不详。名霑，字梦阮，雪芹是其号，又号芹圃、芹溪。清代小说家。先世原是汉族，后为满洲正白旗"包衣"人。因家庭的衰败，饱尝了人生的辛酸。历经十年创作《红楼梦》，遗留下《红楼梦》前八十回的书稿。

▋ 解词

白玉堂：神仙所居，亦喻指富贵人家的邸宅。均匀：指疏密得当。

几曾：何曾，哪曾。

逝水：一去不返的流水，比喻流逝的光阴。

岂必：犹何必，用反问的语气表示不必。芳尘：指落花。

万缕千丝：千根丝，万根线。形容一根又一根，数也数不清。

韶华：美好的时光。无根：没有根基，没有依据。

凭借：依靠，依赖。青云：指高空的云，亦借指高空。

▋ 浅说

《临江仙·柳絮》是曹雪芹以《红楼梦》中的人物薛宝钗的口吻所作的一首词。史湘云见柳絮飘飞，写了一首小令，于是大观园诗社里的人们都以柳絮为题，限时填词。薛宝钗写的这首《临江仙·柳絮》，借柳絮咏志，表达了自己超脱世俗、充满憧憬的美好情怀。

好风凭借力，送我上青云

227

机关算尽太聪明，反算了卿卿性命

释义

费尽心机过于耍弄小聪明，最后反而把自己算计了进去。

出处

《红楼梦》中的《聪明累》。

原文

机关算尽太聪明，反算了卿卿性命。生前心已碎，死后性空灵。家富人宁，终有个家亡人散各奔腾。枉费了意悬悬半世心，好一似荡悠悠三更梦。忽喇喇似大厦倾，昏惨惨似灯将尽。呀！一场欢喜忽悲辛，叹人世终难定！

作者

曹雪芹。

解词

机关：心计。卿卿：指夫妇或情人间的昵称，这里有讽刺意味。

枉费：白费，空费。意悬悬：心神不定的样子。

忽喇喇：拟声词，大楼塌陷的声音。昏惨惨：形容昏暗的样子。

定：预定，提前知道的意思。

■ 浅说

　　《聪明累》是曹雪芹为《红楼梦》中的人物王熙凤所作的一首诗，感叹她为人算计，费尽心机，结局悲惨。这首诗同时也警示人们本分做人，实在生活，厚道为贵。

世事洞明皆学问，人情练达即文章

释义

　　把世间的事情弄懂了到处都是学问，把人情世故搞明白了到处都是文章。

出处

　　《红楼梦》

原文

　　当下秦氏引了一簇人来至上房内间。宝玉抬头看见一幅画贴在上面，

画的人物固好，其故事乃是《燃藜图》，也不看系何人所画，心中便有些不快。又有一副对联，写的是：世事洞明皆学问，人情练达即文章。及看了这两句，纵然室宇精美，铺陈华丽，亦断断不肯在这里了，忙说："快出去！快出去！"

■ 作者

曹雪芹。

■ 解词

洞明：洞察明白。练达：老成通达。

■ 浅说

诗句表达了人物对社会与人生的深刻认识。一个人在社会风浪中多多历练，巧妙地处理好人情往来和人际关系，熟练掌握生活的技巧和智慧，总结出其中的道理，掌握其中的规律，这些都是人生的学问，也都算是写好了人生的每一笔，走好了人生的每一步。

世事洞明皆学问，人情练达即文章

不能胜寸心，安能胜苍穹

释义

不能战胜自我，又怎能战胜世界？

出处

《自春徂秋，偶有所触，拉杂书之，漫不诠次，得十五首 其一》

原文

道力战万籁，微芒课其功。不能胜寸心，安能胜苍穹。相彼鸾与凤，不栖枯枝松。天神倘下来，清明可与通。返听如有声，消息鞭愈聋。死我信道笃，生我行神空。障海使西流，挥日还于东。

作者

龚自珍（1792—1841），字璱人，号定庵，更名巩祚。清代浙江仁和人，早年从学于外祖父段玉裁。嘉庆二十三年（1818年）中浙江乡试举人，授内阁中书，官礼部主事。道光九年（1829年）中进士。因揭露时弊遭排挤和打击，后辞官归里。他的诗文主张"更法""改图"，被柳亚子誉为"三百年来第一流"。著有《定庵文集》，留存文章300余篇，诗词近800首，今人辑为《龚自珍全集》。

▊ 解词

道力：因修道而得之功力。万籁：各种声响。籁，从孔穴中发出的声音。这里指大自然的力量。微芒：微弱的锋芒。

寸心：指心。旧时认为心的大小在方寸之间，故名。

相彼：审视那些。

倘：倘若。清明：指政治有法度，有条理。

返听：倾听内心。消息：外部喧嚣。

信道：信奉正道。笃：坚定。

障海：阻挡水流入海。比喻人力胜天。

▊ 浅说

这是龚自珍所作的一组古体诗中的第一首，揭示了战胜自己的贪欲和妄念，才能获得真正心灵自由的哲理。其中"不能胜寸心，安能胜苍穹"旨在勉励人们正心修身，净化内心。

▊ 不能胜寸心，安能胜苍穹 ▊

不拘一格降人才

释义

不要局限在一种标准里，而是要广泛发现和培养各种人才。

出处

《己亥杂诗 其一》

原文

九州生气恃风雷，万马齐暗究可哀。我劝天公重抖擞，不拘一格降人才。

作者

龚自珍。

解词

己亥：农历己亥年，道光十九年（1839 年）。

九州：中国。生气：生气勃勃。恃：依靠。风雷：形容声势巨大。暗：哑。究：终究、毕竟。

抖擞：振作。降：出现。

■ 浅说

道光十九年（1839 年）是己亥年。诗人这一年写了 315 首绝句，统一取名《己亥杂诗》。这里选取的是其中流传比较广泛的一首。诗人在作品中控诉了万马齐喑的社会现实，呼唤改革和创新，期待不拘陈法，勇于担当，呼唤社会不断发现、培养、举荐、起用各种人才。

日日行不怕千万里，常常做不怕千万事

■ 释义

不管道路多么遥远，只要坚持每天走，最后都能够到达；不管事情多么繁多，只要经常去做，最后都能够做完。

■ 出处

《格言联璧》

原文

日日行不怕千万里，常常做不怕千万事。必有容，德乃大；必有忍，事乃济。

作者

金缨，生平不详。又名金兰生，清代后期学者，浙江山阴人，编著有《格言联璧》。

解词

日日行：每天坚持走。不怕：不管、纵然、即使的意思。

浅说

《格言联璧》将流传于世的格言，分为学问、存养、持躬、摄生、敦品、处世、接物、齐家、从政、惠吉、悖凶等十一类，收集整理相关内容的至理格言。"日日行不怕千万里，常常做不怕千万事"旨在勉励人们要把想法落实到行动上，一步一个脚印去实践，把事情坚持不懈地做下去。

日日行不怕千万里，常常做不怕千万事

一勤天下无难事

释义

只要勤奋努力去做，天下的事情又有何难。

出处

《勤懒歌》

原文

为人在世莫嗜懒，嗜懒之人才智短。百事由懒做不成，临老噬脐悲已晚。士而懒，终身布衣不能换；农而懒，食不充肠衣不暖；工而懒，积聚万贯成星散。又不见，人生天地惟在勤，原勤之本在乎心。若能自强而不息，先须抖擞己精神。士而勤，万里青云可致身；农而勤，盈盈仓廪成红陈；工而勤，巧手超群能动人；商而勤，腰中常缠千万金。嘻嘻噫嘻复噫嘻，只在勤兮与懒兮。丈夫志气掀天地，拟上百尺竿头立。百尺竿头立不难，一勤天下无难事。

作者

这首诗见于清代钱德苍重辑《解人颐》，作者不详。

解词

嗜懒：贪懒。

由懒：因为懒。噬脐：自啮腹脐，喻后悔不及。

布衣：借指平民。古代平民不能穿锦绣，故称。这里指考不上功名。
星散：分散，四散。

原勤之本：勤的本源。

抖擞：振作，奋发。

致身：原指献身。后用来指出来做官。仓廪：仓库。红陈：新陈红粟
的简称。粮食因久放而变色腐坏。这里用来形容仓库充足。

掀：翻天。极言声势之大。百尺竿头：喻极高的官位和功名。

▋ 浅说

　　这是一首关于勤劳的赞美诗，也是一首关于懒惰的讽刺诗。作者从士、
农、工、商的角度，分别做了正反两方面的阐述，鼓励人立下壮志，勤奋
努力，进一步焕发劳动热情、释放创造潜能，通过劳动创造更加美好的
生活。

一勤天下无难事

自信人生二百年，会当水击三千里

释义

自信可以打破生命极限获得二百年的寿命，一定要做出一番如同鲲鹏水击三千里那样的大事业。

出处

《沁园春·长沙》自注。

原文

自信人生二百年，会当水击三千里。

作者

毛泽东（1893—1976），现代湖南湘潭人。字润之，笔名子任、二十八画生等。中国共产党、中国人民解放军和中华人民共和国的主要缔造者和领袖，毛泽东思想的主要创立者。从 1949 年到 1976 年，毛泽东是中华人民共和国的最高领导人。代表作品有《毛泽东诗词》《毛泽东选集》《毛泽东文集》等。

解词

自信：自己坚信。水击：击水，也就是游泳的意思。三千里：语出庄子的《逍遥游》："鹏之徙于南冥也，水击三千里，抟扶摇而上者九万里。"

这里借指远大志向。

▊ 浅说

毛泽东在湖南第一师范读书期间，曾经写过一首诗，其中有这样一句："自信人生二百年，会当水击三千里。"全诗今已失传。20世纪30年代毛泽东接受《西行漫记》作者斯诺采访时曾经提到"自信人生二百年，会当水击三千里"。20世纪50年代，毛泽东在自注《沁园春·长沙》中的"击水"一词时说，"击水：游泳。那时初学，盛夏水涨，几死者数，一群人终于坚持，直到隆冬，犹在江中。当时有一篇诗，都忘记了，只记得两句：'自信人生二百年，会当水击三千里。'"这两诗句形象地表达了作者的豪迈、乐观和自信，至今仍受到人们的喜爱。

万类霜天竞自由

🌿 释义

所有的生灵都在秋光里自由自在地生长。这句词寄托着对自由的热切

向往和美好追求。

出处

《沁园春·长沙》

原文

独立寒秋，湘江北去，橘子洲头。看万山红遍，层林尽染；漫江碧透，百舸争流。鹰击长空，鱼翔浅底，万类霜天竞自由。怅寥廓，问苍茫大地，谁主沉浮？携来百侣曾游，忆往昔峥嵘岁月稠。恰同学少年，风华正茂；书生意气，挥斥方遒。指点江山，激扬文字，粪土当年万户侯。曾记否，到中流击水，浪遏飞舟？

作者

毛泽东。

解词

寒秋：就是深秋、晚秋。橘子洲：地名，又名长岛、水陆洲，是长沙城西湘江中一个狭长小岛。

层林尽染：山上一层层的树林被霜冻后变成红色，像染过一样。漫江：满江。漫，遍。舸：大船。这里泛指船只。争流：争着行驶。

鹰击长空，鱼翔浅底：鹰在辽阔天空里飞翔，鱼在清澈江水中游动。击，形容鹰飞得矫健勇武。翔，这里形容鱼游得轻盈欢快。万类：指一切生物。霜天：指秋天。

怅寥廓：面对广阔的世界感叹。怅，表达由深思而引发的激昂慷慨之情。苍茫：空旷迷离。沉浮：比喻事物的兴衰。

百侣：很多伙伴。百，概数，形容多。峥嵘岁月：不平常的日子。

稠：多。

同学少年：一起同学的年轻人。风华正茂：风采和才华正值美好的时候。书生：读书的年轻人。意气：意志和气概。挥斥方遒：热情奔放，劲头正足。挥斥，奔放。遒，强劲有力。方，正。

指点江山，激扬文字：评论国家大事，用文字来抨击丑恶，赞扬美好。粪土当年万户侯：把当时的军阀官僚看得同粪土一样。粪土，作动词用，视……如粪土。万户侯，汉代设置的最高一级侯爵，享有万户农民的赋税。这里借指大军阀，大官僚。

中流：江心的流水。击水：游泳。遏：阻止。

浅说

这首词描绘了长沙壮丽的秋天风景，叙写了青年人的报国激情和博大胸襟，抒发了以天下为己任的雄心壮志和改造旧世界的大无畏气概。全词融情入理，夹叙夹议，情与景水乳交融。

万类霜天竞自由

241

踏遍青山人未老，风景这边独好

🌿 释义

走遍了青山，人却没有颓唐疲惫。说起风物景色，还是我们这边最好。

🌿 出处

《清平乐·会昌》

🌿 原文

东方欲晓，莫道君行早。踏遍青山人未老，风景这边独好。会昌城外高峰，颠连直接东溟。战士指看南粤，更加郁郁葱葱。

■ 作者

毛泽东。

■ 解词

会昌：县名，在江西省东南部，东连福建省，南经寻乌县通广东省。

欲：将要。

踏遍青山人未老：转战各地，我们依然保持昂扬斗志。"人"指自己这一方的军民力量。《增广贤文》有："莫道君行早，更有早行人。"这边：指中央革命根据地。风景：风光景色，这里比喻自己一方的战斗形势。

高峰：指会昌城周围的山峰。颠连：连绵起伏。东溟：指东海。

南粤：古代地名，汉初封赵佗为南越王，占据今广东、广西一带。这里指广东。郁郁葱葱：形容树木茂盛，生机盎然。

■ 浅说

这首词写于 1934 年夏天，作者当时在中共粤赣省委所在地会昌进行调查研究和指导工作。全词壮美瑰奇，表现了艰巨考验来临前的必胜信心和坚定信念。

踏遍青山人未老，风景这边独好

我自岿然不动

释义

我依然高峻凛然，像高山一样挺立着，不可动摇。

出处

《西江月·井冈山》

原文

山下旌旗在望，山头鼓角相闻。敌军围困万千重，我自岿然不动。早已森严壁垒，更加众志成城。黄洋界上炮声隆，报道敌军宵遁。

作者

毛泽东。

解词

在望：谓远处的东西在视野以内。鼓角：战鼓和号角的声音。相闻：彼此都能听到，极言距离之近。

万千重：重重包围的意思。岿然不动：屹立而不动摇。

森严壁垒：使防御工事严整不可侵犯，比喻防守严密。众志成城：谓万众一心，如坚固城堡。比喻众人团结一致，力量无比强大。

黄洋界：地名，在江西井冈山，井冈山五大哨口之一，另四个是八面山、双马石、朱沙冲、桐木岭。宵遁：乘夜逃跑。

▌ 浅说

　　这首词写于 1928 年 9 月，是对黄洋界保卫战的精彩回忆。通过紧张激烈的短兵相接的战斗场面，歌颂了红军将士的从容不迫和英勇无畏，激烈的战争在作者笔下洋溢着乐观的精神和必胜的信念。

雄关漫道真如铁

释义
不要说险关像钢铁一样坚固。

出处
《忆秦娥·娄山关》

原文
西风烈，长空雁叫霜晨月。霜晨月，马蹄声碎，喇叭声咽。雄关漫道

真如铁，而今迈步从头越。从头越，苍山如海，残阳如血。

■ 作者

毛泽东。

■ 解词

烈：凛冽。长空：辽阔的天空。霜晨月：残月照在早晨的白霜上。

碎：急促错杂。咽：声音因哽塞而低沉。

雄关：雄伟险要的关隘。漫道：莫说，不要讲。真如铁：像铁一样坚固难以征服。而今：现在。

从头越：从最初开始的地方跨越。如海：像起伏的波涛。

■ 浅说

娄山关又称娄关、太平关，在贵州省遵义城北娄山的最高峰上。这首词写于 1935 年 2 月红军长征攻克娄山关后。上阕描写清晨踏着寒霜向敌军进攻时的冷肃氛围，下阕描写攻克娄山关后站在关头瞭望周围风光时的激动心情。全词格调冷峻，意境壮丽，色彩鲜明，情味隽永，抒发了豪迈的战斗情怀和坚定的必胜信念。

雄关漫道真如铁

人间正道是沧桑

🌿 **释义**

时代变化是社会发展的正常规律。

🌿 **出处**

《七律·人民解放军占领南京》

🌿 **原文**

钟山风雨起苍黄，百万雄师过大江。虎踞龙盘今胜昔，天翻地覆慨而慷。宜将剩勇追穷寇，不可沽名学霸王。天若有情天亦老，人间正道是沧桑。

▌ **作者**

毛泽东。

▌ **解词**

钟山：俗名紫金山，这里指南京。苍黄：巨大变化的意思。《墨子》载，"墨子见染丝者而叹曰：染于苍则苍，染于黄则黄，所入者变，其色亦变。"

虎踞龙盘：形容地势险要。慨而慷：慷慨激昂的意思。曹操《短歌行》："慨当以慷。"

剩勇：形容胜利的人民解放军的士气。穷寇：走投无路的敌寇。沽名：博取名誉。霸王：指楚霸王项羽。

天若有情天亦老：借用唐代李贺《金铜仙人辞汉歌》中的诗句。这里的意思是说，苍天如果有感情，也会因为那些黑暗统治而心力交瘁。人间正道：人世变化的自然规律。沧桑：社会变革。

■ 浅说

这首《七律·人民解放军占领南京》写于 1949 年 4 月人民解放军占领南京之后。这首诗从解放军发起渡江战役写起，接着叙述南京地势的险要，表达了为南京解放而欣喜的心情，接着转入深刻的理性反思，提出了追穷寇的战斗主张，表达了将革命进行到底的决心，指明了黑暗统治必将灭亡的历史规律。全诗英姿勃发，气韵飞扬，非常鼓舞人心。

人间正道是沧桑

一唱雄鸡天下白

释义

雄鸡一声鸣叫，天下就亮了。

出处

《浣溪沙·和柳亚子先生》

原文

长夜难明赤县天，百年魔怪舞翩跹，人民五亿不团圆。一唱雄鸡天下白，万方乐奏有于阗，诗人兴会更无前。

作者

毛泽东。

解词

赤县：指中国。翩跹：狂舞的样子。

一唱雄鸡天下白：天下白就是天下亮。此句是化用了唐代诗人李贺的《致酒行》中的诗句。原作为"我有迷魂招不得，雄鸡一声天下白"。乐奏：就是奏乐。于阗：新疆维吾尔自治区西南部县名，1959年改于田。兴会：兴致，兴趣。

■ 浅说

《浣溪沙·和柳亚子先生》前后两段是鲜明的对比关系。上段描写了旧社会的黑暗，下段用快乐的笔墨描写了中华人民共和国的新面貌，抒发了五亿人民的自豪和喜悦。

风物长宜放眼量

释义

对于各种复杂的社会现象，常常应该放开眼界去观察和思考。

出处

《七律·和柳亚子先生》

原文

饮茶粤海未能忘，索句渝州叶正黄。三十一年还旧国，落花时节读华章。

牢骚太盛防肠断，风物长宜放眼量。莫道昆明池水浅，观鱼胜过富春江。

作者

毛泽东。

解词

饮茶粤海：指柳亚子和毛泽东于 1925 年至 1926 年间在广州的交往。粤海，广东。索句渝州：指 1945 年毛泽东参加重庆谈判时，柳亚子向其索讨诗作，毛泽东手书《沁园春·雪》以赠。渝州，即四川的重庆。

三十一年还旧国：旧国，过去的国都。作者 1918 年和 1919 年曾两次到过北京，到 1949 年北京（当时称北平）解放后再来，前后相距约 31 年。落花时节读华章：暮春时节读到美好诗篇。这里化用杜甫"落花时节又逢君"句。华章，指柳亚子的诗。

牢骚：指柳亚子 1949 年 3 月末所作《感事呈毛主席》，文中颇有不满意的情绪，自称要回家乡分湖隐居。风物：风景和物品。比喻大气候。放眼量：放开眼界去衡量，不必斤斤计较。

昆明池：指北京颐和园的昆明湖。观鱼：用《庄子·秋水》中庄子和惠施在安徽濠水桥上看水中游鱼的故事。富春江：富春江在浙江省桐庐和富阳两县境内，东汉初年，严光隐居在浙江富春江边钓鱼。

浅说

柳亚子先生在 1949 年 3 月末所作的七律《感事呈毛主席》，是这样写的："开天辟地君真健，说项依刘我大难。夺席谈经非五鹿，无车弹铗怨冯骧。头颅早悔平生贱，肝胆宁忘一寸丹！安得南征驰捷报，分湖便是子陵滩。"毛泽东同志于是在当年 4 月写了这首诗来酬答，深情回顾了二人的交往和友谊，同时也委婉而坦诚地开导老诗人要放开胸怀朝前看，劝慰他

风物长宜放眼量

留在北京为中华人民共和国工作。

乱云飞渡仍从容

释义

纷乱的云朵从眼前飞过。松树仍然不为所动，从容镇定。

出处

《七绝·为李进同志题所摄庐山仙人洞照》

原文

暮色苍茫看劲松，乱云飞渡仍从容。天生一个仙人洞，无限风光在险峰。

作者

毛泽东。

解词

暮色：黄昏的景色。从容：悠闲舒缓。

仙人洞：庐山一个著名景点，在佛手岩下、牯岭之西，高达 7 米，深逾 14 米，传为唐朝仙人吕洞宾所居。无限风光：没有尽头的优美景色。

▌ 浅说

《七绝·为李进同志题所摄庐山仙人洞照》写于 1961 年 9 月 9 日。诗人描绘了暮色苍茫中挺立的劲松，表现了面对复杂的国内外环境所特有的临危不惧、从容不迫的昂扬精神，赞美了坚贞不屈、坚韧自信、奋发图强的英雄气概，鼓舞人们勇攀高峰、不懈奋进。全诗境界高远，形象生动，气势恢宏，意味深长。

敢教日月换新天

释义

敢于命令旧世界改换成一个新世界。

出处

《七律·到韶山》

253

原文

别梦依稀咒逝川，故园三十二年前。红旗卷起农奴戟，黑手高悬霸主鞭。为有牺牲多壮志，敢教日月换新天。喜看稻菽千重浪，遍地英雄下夕烟。

作者

毛泽东。

解词

韶山：一名韶山冲，在湖南湘潭西北 50 余公里，为作者故乡。

别梦：指离别之后的梦中。咒：诅咒、痛恨，这里只是恨的意思。逝川：流去的水，比喻流逝的时光。故园：指韶山。

农奴：借指受奴役的贫苦农民。戟：古代的一种武器。黑手：比喻黑暗势力的魔掌。悬：举起。霸主鞭：比喻黑暗势力。

为有：因为有。多：增加，激励。日月换新天：旧世界变成新世界。

菽：豆类。千重浪：一层层波浪，这里比喻在风中起伏的庄稼。下夕烟：在黄昏的炊烟中归来。

浅说

1959 年，作者一别 32 年之后返回故乡韶山，欢会父老乡亲，抚今追昔，满含深情。《到韶山》这首诗表达了对故乡的深沉思念，回顾了可歌可泣的艰辛历史，赞美了喜获丰收的新风貌和甘洒热血、勇于牺牲的乡亲们，也体现了真挚的情怀和高远的境界。"为有牺牲多壮志，敢教日月换新天"是这首诗中的名句。

险夷不变应尝胆，道义争担敢息肩

🌿 释义

无论险地还是平地都不改变卧薪尝胆的志气，大家争着担起道义的责任，不敢有丝毫懈怠。

🌿 出处

《送蓬仙兄返里有感》

🌿 原文

相逢萍水亦前缘，负笈津门岂偶然。扪虱倾谈惊四座，持螯下酒话当年。险夷不变应尝胆，道义争担敢息肩。待得归农功满日，他年预卜买邻钱。

作者

周恩来（1898—1976），字翔宇。曾用笔名伍豪等。现代，原籍浙江绍兴，生于江苏淮安。1917 年留学日本。1919 年回国。在天津参加五四运动，组织觉悟社。1927 年 3 月领导上海工人第三次武装起义，同年 8 月领导南昌起义。中华人民共和国成立后，历任国务院总理，第一届全国政协副主席，第二、三届全国政协主席。著有《周恩来青少年时代诗选》《周恩来选集》等。

■ 解词

蓬仙兄：即张蓬仙，作者的同学好友，东北吉林人。

相逢萍水：即萍水相逢。浮萍随水漂泊，聚散不定。比喻向来不认识的人偶然相遇。负笈：背着书箱，指游学外地。津门：指天津。

扪虱倾谈：一面捻着虱子，一面高谈阔论。形容谈吐从容，无所畏忌。此处用古人王猛的典故。据《晋书》记载，东晋大将桓温兵进关中时，王猛去见。王猛一面侃侃谈天下事，一面捉衣服里的虱子，旁若无人。持螯下酒：手拿蟹螯，边吃边喝酒。形容激愤放浪、开怀畅饮的样子。此处用古人毕卓的典故。据《世说新语》记载，晋人毕卓嗜酒，放荡不羁，他说，一手拿着蟹螯吃，一手举着酒杯饮，整天泡在酒池中，这是人生最大的乐趣。

夷：平地。尝胆：品尝苦胆的味道。形容忍辱负重，刻苦自励，发愤图强。此处用古人勾践的典故。据《史记》记载，越王勾践兵败后苦身焦思，在自己的座位前悬挂了一个苦胆，坐卧就仰脸看看，饮食时也要尝尝苦胆的味道。道义争担：争着担起道义的责任。此处用古人杨继盛的典故。据《杨忠愍公集》记载，明代忠臣杨继盛曾有自勉联："铁肩担道义，辣手著文章。"敢：不敢。息肩：歇肩，撂挑子的意思。

归农：归隐田园。预卜买邻：提前约定做邻居。此处用古人宋季雅的典故。据《南史》记载，梁武帝的时候，吕僧珍是个清官。有位名叫宋季雅的人特地把吕僧珍邻家的一幢房屋买下来居住。吕僧珍问他买房子花了多少钱，宋季雅回答说共花了一千一百万。吕僧珍问怎么这么贵，宋季雅说一百万是买房屋，一千万是买邻居。

■ 浅说

周恩来作于1916年初的《送蓬仙兄返里有感》共三首，发表于1916年4月《敬业》第四期。"险夷不变应尝胆，道义争担敢息肩"这两句诗

出自其中一首。作者在诗中抒发了刻苦自励、以身许国和为民建功立业的情怀。

面壁十年图破壁

🌿 释义
用了十年苦功学本领，是为了要干一番事业。

🌿 出处
《大江歌罢掉头东》

🌿 原文
大江歌罢掉头东，邃密群科济世穷。面壁十年图破壁，难酬蹈海亦英雄。

▋ 作者

周恩来。

▋ 解词

大江：指长江。掉头东：指东去日本，掉头即转方向的意思。邃密：深入，细致。群科：各种知识。济：拯救。世穷：国家危亡。

面壁：面对墙壁坐着，用佛教达摩祖师面壁修行的典故。破壁：学成之后，像破壁而飞的巨龙一样。用南朝名画家张僧繇画龙点睛的典故。酬：实现。蹈海：投海。

▋ 浅说

这首诗气势雄伟，慷慨悲壮，表达了作者负笈东渡寻求真理的决心和义无反顾一往无前的信心及抱负。"邃密群科济世穷"，意思是要细密地研究多门科学来拯救濒临绝境的祖国。作者巧妙地把"面壁"和"破壁"两个典故合在一个句子里来表达自己的人生信念，创造了一种不同流俗的独特艺术效果。周恩来作诗不多，但体裁多样。其中有新诗，也有旧体诗。旧体诗中有律诗，有绝句，而以这首《大江歌罢掉头东》最为著名。

面壁十年图破壁

砍头不要紧，只要主义真

释义

只要为了真诚的信仰，献出生命也在所不惜。

出处

《就义诗》

原文

砍头不要紧，只要主义真。杀了夏明翰，还有后来人。

作者

夏明翰（1900—1928），现代，祖籍湖南衡阳，生于湖北秭归。12岁随全家回乡。曾任中共湖南省委组织部部长、农民部长和长沙地委书记，湖北省委常委等。曾参加组织秋收起义。1928年2月，在汉口被捕，3月20日就义。今存诗十首。

解词

后来人：原指下一代、后代，这里指继承前辈事业的人，也就是接班人的意思。

浅说

这首诗抒写的是作者对信仰的坚定和对未来的自信。诗很浅显，铿锵有力，义薄云天。1928年3月20日，夏明翰被押到汉口余记里刑场，问他："你还有什么话要说吗？"他说："有，给我拿纸和笔来！"于是，写下了这首《就义诗》。

横眉冷对千夫指，俯首甘为孺子牛

释义

凛然怒对那些被千夫所指的坏人，俯下身子甘愿为人民群众做牛。

出处

《自嘲》

原文

运交华盖欲何求，未敢翻身已碰头。破帽遮颜过闹市，漏船载酒泛中流。横眉冷对千夫指，俯首甘为孺子牛。躲进小楼成一统，管他冬夏与春秋。

作者

鲁迅（1881—1936），原名周树人，字豫才，笔名鲁迅。现代浙江绍兴人。辛亥革命后，曾任南京临时政府和北京政府教育部部员、佥事等职，兼在北京大学、北京女子师范大学等校授课。1918 年 5 月，首次用"鲁迅"的笔名，发表白话小说《狂人日记》。出版了多部小说集、散文诗集、杂文集等。著有《鲁迅全集》。

解词

华盖：古星名，属紫微垣，共十六星，在五帝座上，今属仙后座。旧时迷信，以为人的命运中犯了华盖星，运气就不好。翻身：反身，转身

漏船载酒泛中流：破船载着酒在河流的中间漂流。比喻环境恶劣，处境危险。

横眉冷对：怒目而视的样子，表示愤恨和轻蔑。千夫指：被大众所诅咒指责的人。另有一解指千夫对自己的责难，也可通。俯首：低头。孺子牛：齐景公曾经口衔绳索扮成牛，让儿子牵着玩。儿子摔倒，结果折断了儿子的牙齿。

一统：统一。多指全国统一于一个政权。这里是戏言。

浅说

1932 年的一天，郁达夫请自己的哥哥吃饭，并请鲁迅和柳亚子等作陪。柳亚子见面时向鲁迅索字，鲁迅随后写了这首诗送给他。作者在诗中用冷

幽默的手法，对当时自己所受的压力进行了嘲讽，表达了自己对宵小的蔑视，充满旷逸高远的文人情怀。"横眉冷对千夫指，俯首甘为孺子牛"显示了鲜明的爱憎，广为传诵。

逆水行舟用力撑，一篙松劲退千寻

释义

逆水行船的时候要用力撑住竹篙，倘若稍微一松劲儿就会退出去很远。

出处

《题赠中学生》

原文

逆水行舟用力撑，一篙松劲退千寻。古云此日足可惜，吾辈更应惜秒阴。

▌ 作者

董必武（1886—1975），原名董贤琮，又名董用威，号壁伍，现代湖北省黄安（今红安）县人，是中国共产党的创始人之一，中华人民共和国的缔造者之一，杰出的无产阶级革命家、马克思主义政治家和法学家，是中共第一代领导集体成员和国家重要领导人。著有《董必武诗选》。

▌ 解词

逆水：向着水流相反的方向。千寻：用来形容很远的距离。千，概数，形容远。寻，古代长度单位，一寻等于八尺，约 2.67 米。

古云：古人说。这里指宋代诗人贺铸。贺铸有一首诗开头就是"此日足可惜"。秒阴：一秒时光。

▌ 浅说

诗人用逆水行舟、不进则退来比喻做事情要珍惜光阴，必须竭尽全力，锲而不舍，不能懈怠。

逆水行舟用力撑，一篙松劲退千寻

263

革命声传画舫中，诞生共党庆工农

释义

革命的声音从嘉兴南湖的画舫中传出，工农群众欢庆中国共产党的诞生。

出处

《重游南湖》

原文

革命声传画舫中，诞生共党庆工农。重来正值清明节，烟雨迷蒙访旧踪。

作者

董必武。

画舫：装饰华美的游船。这里指浙江嘉兴南湖的红船。诞生共党：中国共产党在这里诞生。

正值：适逢。清明节：中国汉族等民族的传统节日。在每年公历 4 月 5 日前后。这一天，民间有上坟扫墓、插柳、踏青、春游等活动。烟雨：蒙蒙细雨。旧踪：过去的踪迹。

■ 浅说

中国共产党第一次全国代表大会于 1921 年 7 月下旬在上海召开，中途因遭外国巡捕袭扰，最后一天转移到嘉兴南湖的一艘游船上举行，并在这次会议上通过了中国共产党的第一个纲领、决议和宣言，选举产生了党的中央领导机关，宣告了中国共产党的正式成立。1964 年 4 月 5 日，原"一大"代表、时任中共中央政治局委员、国家副主席的董必武重游南湖，登上"一大"纪念船，挥毫写下了这首七言绝句。

革命声传画舫中，诞生共党庆工农

四万万人齐蹈厉，同心同德一戎衣

释义

全国人民一起努力奋斗，团结得就像一个士兵一样。

出处

《归国杂吟》

原文

又当投笔请缨时，别妇抛雏断藕丝。去国十年余泪血，登舟三宿见旌旗。欣将残骨埋诸夏，哭吐精诚赋此诗。四万万人齐蹈厉，同心同德一戎衣。

作者

郭沫若（1892—1978），乳名文豹，原名郭开贞，字鼎堂，号尚武。笔名沫若、麦克昂、郭鼎堂、石沱、高汝鸿、羊易之等。现代四川省乐山市观娥乡沙湾镇人。早年曾与成仿吾、郁达夫等组成创造社。曾任政务院副总理、全国人大常委会副委员长、中国科学院院长等。著有《女神》《郭沫若全集》《沫若诗词选》等。

解词

投笔：用汉代班超投笔从戎的典故。请缨：用汉代终军向汉武帝请缨报国的典故。别妇抛雏：丢下妻子和孩子。

见旌旗：找到报国的地方。

诸夏：即中国。精诚：真诚。

四万万人：当时国民总数。蹈厉：舞蹈动作的威武样子，后比喻奋发有为。同心同德：思想行动完全一致。

■ 浅说

从 1927 年到 1937 年，郭沫若在日本度过了 10 年流亡生活。全面抗战开始后，逃亡日本的郭沫若出于爱国激情，离别自己的日本妻子安娜和四个子女，毅然回国参加抗战。归国途中，步鲁迅先生《无题》诗原韵，写下这首情志飞扬的《归国杂吟》。全诗叙述了自己对祖国的深情，其中最鼓舞人心的就是最后一联，昂然发出了万众一心、同心同德的高亢声音。

重山登到高峰后，万里舆图顾盼间

✤ 释义

攀登到山顶之后，广阔的大地风景尽收眼底。

重山登到高峰后，万里舆图顾盼间

出处

《走路》

原文

走路才知走路难，重山之外又重山。重山登到高峰后，万里舆图顾盼间。

作者

胡志明（1890—1969），原名阮必成，早期曾改名阮爱国，后改名胡志明，曾用化名李瑞等。现代越南义安省南坛县人，越南民主共和国缔造者，越南劳动党（今越南共产党）中央委员会第一任主席。早年当过教师、海员和杂役，也曾在中国进行革命活动。1942 年至 1943 年，曾被国民党政府关押在广西地方监狱，他在狱期间写下 133 首汉文诗，包括七绝、七律、五绝和杂体诗，后结集为《狱中日记》。1945 年 9 月 2 日在河内宣布越南民主共和国成立，出任临时政府主席。1946 年 3 月当选为越南民主共和国主席兼政府总理。1969 年 9 月 2 日在河内逝世。著有《胡志明选集》等。

解词

重山：重叠的山。

舆图：疆土，土地。顾盼：向左右方向观察，这里有一览众山小的意思。

浅说

1942 年，胡志明从越南到中国进行革命活动，被当时的国民党政府扣押。从 1942 年 8 月底至 1943 年 9 月中旬，先后被羁押在广西靖西、天保、果德、南宁、武鸣、柳州、桂林等地监狱。胡志明在狱中及押解途中，写下汉诗 133 首，后来结集为《狱中日记》。这首《走路》就是其中之一。语言朴实无华，浅显易懂。作者以登山为喻，揭示了登高才能望远的道理，同时表达了不惧坎坷、勇敢前进的战斗意志。

革命理想高于天

释义
为革命奋斗和奉献的理想无比崇高。

出处
《长征组歌》中的《过雪山草地》。

原文
雪皑皑，野茫茫，高原寒，炊断粮。红军都是钢铁汉，千锤百炼不怕难。雪山低头迎远客，草毯泥毡扎营盘。风雨侵衣骨更硬，野菜充饥志越坚。官兵一致同甘苦，革命理想高于天。

■ 作者

肖华（1916—1985），现代江西省赣州市兴国县人。上将军衔。参加过土地革命、长征、抗日战争、解放战争。中华人民共和国成立后，历任空军政委、总政治部副主任、全国政协副主席等职。肖华作词的《长征组歌》被评为 20 世纪华人经典音乐作品。

■ 解 词

皑皑：形容洁白的样子，常用来形容雪和为雪所覆盖的事物。茫茫：看不清楚。

草毯泥毡：草地像毯子，沼泽地里的泥像毡子。这里是比喻。

高于天：就是比天还崇高的意思。

■ 浅 说

《过雪山草地》是表现红军长征题材的《长征组歌》中的一首，创作于1965 年。歌词巧妙地通过拟人、比喻和夸张等艺术手法，描写了红军过雪山草地时遇到的各种困难，赞美了红军战士的革命理想、顽强斗志和豪迈乐观的精神。

革命理想高于天

井无压力不出油，人无压力轻飘飘

释义

油井如果没有压力就打不出石油，人如果没有压力驱动就会心浮气躁，变得浮泛不踏实。

出处

王进喜的一句名言。

原文

井无压力不出油，人无压力轻飘飘。

作者

王进喜（1923—1970），现代，出生于甘肃省玉门市赤金堡（祖籍陕西省渭南市大荔县羌白镇焦家村），大庆油田石油工人。因用自己身体制伏井喷而家喻户晓，人称"铁人"。2019年9月25日，王进喜被评选为"最美奋斗者"。

解词

井：指油井。

■ 浅说

　　"井无压力不出油"这一句，是借用来比喻和阐明后一句"人无压力轻飘飘"的道理。"轻飘飘"形容四肢乏力、精神空虚、状态萎靡的样子。如果人没有使命感、责任感，失去了精神驱动，也就会失去了奋斗动力，只是庸庸碌碌地混日子而已。这种自觉加压意识，正是激励大庆人艰苦创业、不断开拓进取的一种内在力量。

心底无私天地宽

🎋 释义

　　内心深处公正没有偏心，就会感觉到人生境界如此宽阔。

🎋 出处

　　《赠曾志》

原文

重上战场我亦难，感君情厚逼云端。无情白发催寒暑，蒙垢余生抑苦酸。病马也知嘶枥晚，枯葵更觉怯霜残。如烟往事俱忘却，心底无私天地宽。

作者

陶铸（1908—1969），又名陶际华，号剑寒，化名陶磊。现代湖南祁阳人，早年考入黄埔军校第五期，加入中国共产党。曾任东北野战军政治部副主任、广东省委第一书记、暨南大学校长、国务院副总理、中宣部部长、中共中央政治局常委等。"文革"中被囚禁，后因胆癌病逝。著有《陶铸诗词选》等。

解词

逼云端：迫近云天，形容很高。

寒暑：寒冬暑夏，指代岁月变迁。蒙垢：受到污辱耻笑。余生：残生，指晚年。

嘶枥：在槽头悲鸣。枯葵：干枯的葵花。

无私：公正没有偏心，不自私。天地：境界，境地。

浅说

这是作者在狱中寄给自己夫人曾志的两首诗中的一首，既有对亲人情谊的感念，也有心迹表白和志向宣叙。诗中说：现在想重回战场杀敌已经做不到了，你对我的深厚情谊我感受殊深。寒暑无情催白了我的头发，蒙受冤屈的后半生只能压抑苦涩酸辛的各种情感。生病的老马也知道卧在马槽悲鸣，枯萎的葵花更加害怕秋霜的摧残。往事像云烟一样飘走，都已忘记了，心底无私，就会感觉到天地如此宽广！

心底无私天地宽

不待扬鞭自奋蹄

释义

不等别人扬鞭驱赶，就自觉地奋力向前耕耘。

出处

《老黄牛》

原文

块块荒田水和泥，深耕细作走东西。老牛亦解韶光贵，不待扬鞭自奋蹄。

作者

臧克家（1905—2004），曾用名臧瑗望，笔名少全、何嘉，现代山东潍坊市诸城人，曾任《诗刊》主编、全国人大代表、全国政协常务委员、中国作家协会名誉副主席、中国诗歌学会会长、中国毛泽东诗词研究会名誉会长等。著有《罪恶的黑手》《臧克家诗选》《凯旋》等。

解词

深耕细作：仔细耕耘。

韶光：春光。这里指光阴。奋：奋力的意思。

20世纪70年代，臧克家和中国作协的同事一起到湖北咸宁向阳湖干校劳动。1972年10月因严重的心脏病获准提前返京后，用四个多月时间写出《向阳湖》《离别干校》《老黄牛》等57首诗篇，有意以57首暗合五七干校，总名《忆向阳》，抒写干校劳动生活，表示"人，回到了北京，而心，还在咸宁""身离心不离，生死不相忘"。这一首《老黄牛》最为著名，其中"不待扬鞭自奋蹄"现在常被用来表达珍惜光阴、勤奋学习、奋发进取的精神追求。

人民的总理人民爱，人民的总理爱人民

释义

文字直白、朴素，揭示了人民和总理之间的深厚情谊。

出处

《天安门革命诗抄》

🎍 原文

人民的总理人民爱，人民的总理爱人民。总理和人民同甘苦，人民和总理心连心。

▌ 作者

不详。作品出现于 1976 年清明期间的天安门广场。刊于 1978 年第 11 期《诗刊》的《天安门革命诗抄》，后收入童怀周编的《天安门诗抄》（人民文学出版社 1978 年 12 月第一版）。

▌ 解词

总理：指周恩来总理。

甘苦：代指欢乐和痛苦。

▌ 浅说

这首诗是 1976 年清明节广大群众自发张贴的悼念周恩来总理的作品，表达了对周总理的崇高敬意，也揭示了总理与人民之间的亲密关系和深厚情谊。原作无题，也有的版本增加题目为《总理和人民》。另外，第三句原为"人民和总理同甘苦"，现在通行版本则是"总理和人民同甘苦"。

人民的总理人民爱，人民的总理爱人民

踏平坎坷成大道，斗罢艰险又出发

释义

经历过坎坷的考验才能走向坦途，战胜艰险之后继续向前探索。

出处

《敢问路在何方》

原文

你挑着担，我牵着马；迎来日出送走晚霞。踏平坎坷成大道，斗罢艰险又出发。一番番春秋冬夏，一场场酸甜苦辣。敢问路在何方，路在脚下。

你挑着担，我牵着马；翻山涉水两肩霜花。风云雷电任叱咤，一路豪歌向天涯。一番番春秋冬夏，一场场酸甜苦辣。敢问路在何方，路在脚下。

作者

阎肃（1930—2016），原名阎志扬，现代河北保定人，肄业于重庆大学，著名剧作家、词作家。曾任中国剧协副主席、空政歌剧团编导组组长、空政歌舞团编导室一级编剧等。著有歌剧《江姐》，创作了《我爱祖国的蓝天》《长城长》《雾里看花》《唱脸谱》《敢问路在何方》等著名歌曲的歌词。

▌解词

大道：宽广的道路，引申为真理的追求。

脚下：双关语，比喻人生的选择。

叱咤：怒斥，呼喝。

▌浅说

《敢问路在何方》是许镜清谱曲、阎肃作词的一首歌曲，是 1986 年版电视连续剧《西游记》主题歌。这首歌的歌词刚健清新，富有哲理。"踏平坎坷成大道，斗罢艰险又出发"这两句歌词豪迈高亢，表现了追求真理的坚贞意志和不懈努力。"敢问路在何方，路在脚下"令人想起鲁迅的名言"其实地上本没有路，走的人多了，也便成了路"，堪称全歌的点睛之笔。只有为了理想去奋斗和实践，才能获得成功。不然，这条路就只能停留在空想的阶段，离实现理想遥遥无期。

踏平坎坷成大道，斗罢艰险又出发

众人一样心，黄土变成金

释义

只要所有人的劲儿都往一处使，连黄土地也能够变得像黄金一样宝贵。

出处

闽南谚语。

原文

众人一样心，黄土变成金。三人四样心，赚钱不够买灯心。

作者

无名氏谚语，流传于福建南部。

解词

金：像黄金一样宝贵。

样：种，类。灯心：就是灯芯，油灯中间的灯捻儿。

浅说

这句谚语借用夸张和比喻的手法，形象地阐明了团结一心才能干成事情的道理。